ΕΡΓΑΣΟΥ ΜΕ ΤΗ ΜΝΑ!

*Κατανόησε τη μία δουλειά
που σου έδωσε ο Ιησούς να κάνεις*

Δημοσιεύθηκε από OnTheRedBox
Puerta del Sol 4, 5a Planta
28013 Μαδρίτη, Ισπανία
http://www.ontheredbox.com
Facebook.com/ontheredbox

Συντάκτες
Dara Ekanger
Joni K. Wileman Bock

Εικονογράφος
Arash Jahani

Στοιχειοθεσία
Olivier Darbonville

ΕΡΓΑΣΟΥ ΜΕ ΤΗ ΜΝΑ!

Κατανόησε τη μία δουλειά
που σου έδωσε ο Ιησούς να κάνεις

του

JACOB BOCK

ΠΕΡΙΕΧΟΜΕΝΑ

Κατανόησε τη μία δουλειά
που σου έδωσε ο Ιησούς να κάνεις

Γιατί θα πρέπει να διαβάσεις αυτό το βιβλίο;

Τσέκαρε εάν οι παρακάτω δηλώσεις αληθεύουν για σένα:

☐ Δεν είμαι σίγουρος ποιο είναι το θέλημα του Θεού για τη ζωή μου.

☐ Έχω δεχθεί τον Χριστό και ξέρω ότι ο Ιησούς με συγχώρεσε, αλλά κάτι λείπει. Μερικές φορές λέω: «Αυτό είναι όλο που υπάρχει στη χριστιανική ζωή;

☐ Μερικές φορές βαριέμαι ως χριστιανός.

☐ Μιλώ σπάνια ή ποτέ για το ευαγγέλιο. Δεν το θεωρώ δική μου διακονία.

☐ Θέλω να ακούσω τον Θεό να λέει για μένα στην Ημέρα της Κρίσης: «Εύγε δούλε αγαθέ και πιστέ».

☐ Η παραβολή των δέκα μνών... δεν είναι ίδια με την παραβολή των ταλάντων; Τι είναι η μνα, τέλος πάντων;

Χαίρομαι που διαβάζεις αυτό το βιβλίο. Εάν έχεις τσεκάρει μία ή περισσότερες από αυτές τις προτάσεις, θα αναφερθώ σε αυτά τα θέματα και θα κάνω το καλύτερο δυνατό για να σε βοηθήσω να επιλύσεις ορισμένα από αυτά τα ζητήματα.

Γιατί είναι τόσο σημαντική η κατανόηση της παραβολής των Δέκα Μνών;

Πάρα πολλοί χριστιανοί δεν καταλαβαίνουν την αποστολή τους ως πιστοί. Ίσως ήρθαν στον Χριστιανισμό με την ιδέα να έχουν απλώς τον Ιησού ως εισιτήριο για τον Παράδεισο και για να αποφύγουν την Κόλαση. Ίσως δεν έχουν διαβάσει ποτέ ή δεν τους έχουν πει ποτέ ότι έχουν μια αποστολή. Ίσως καταλαβαίνουν την αποστολή, αλλά απλά δεν είναι ενεργοί υπακούγοντάς την. Ως αποτέλεσμα ζουν ανεκπλήρωτοι και χωρίς πολύ σκοπό, και δεν μπορούν να αισθανθούν την επιδοκιμασία του Θεού για τη ζωή τους. Στο μυαλό τους κρατιούνται από την ελπίδα ότι θα φτάσουν στον Ουρανό κάποια μέρα όπου, ίσως, ο Θεός να τους πει, «Μπράβο» ή «Αρκετά καλά».

Δεν χρειάζεται να ζεις έτσι!
Η κατανόηση αυτής της παραβολής
θα δυναμώσει την κλήση σου ως Χριστιανός.

Τι θα μάθεις σε αυτό το βιβλίο;

- Το θέλημα και την αποστολή του Θεού για τη ζωή σου.
- Πώς μπορείς να εξασφαλίσεις την επιδοκιμασία του Θεού.
- Τι αντιπροσωπεύει η «Μνα».
- Τη «μία δουλειά» που σου έδωσε ο Ιησούς να κάνεις.
- Τι σημαίνει να «εργάζεσαι» με τη Μνα.
- Τι συμβαίνει σε εκείνους που δεν επιτρέπουν στον Ιησού να κυβερνά τη ζωή τους;
- Εάν είσαι πιστός υπηρέτης, άπιστος υπηρέτης ή πολίτης.

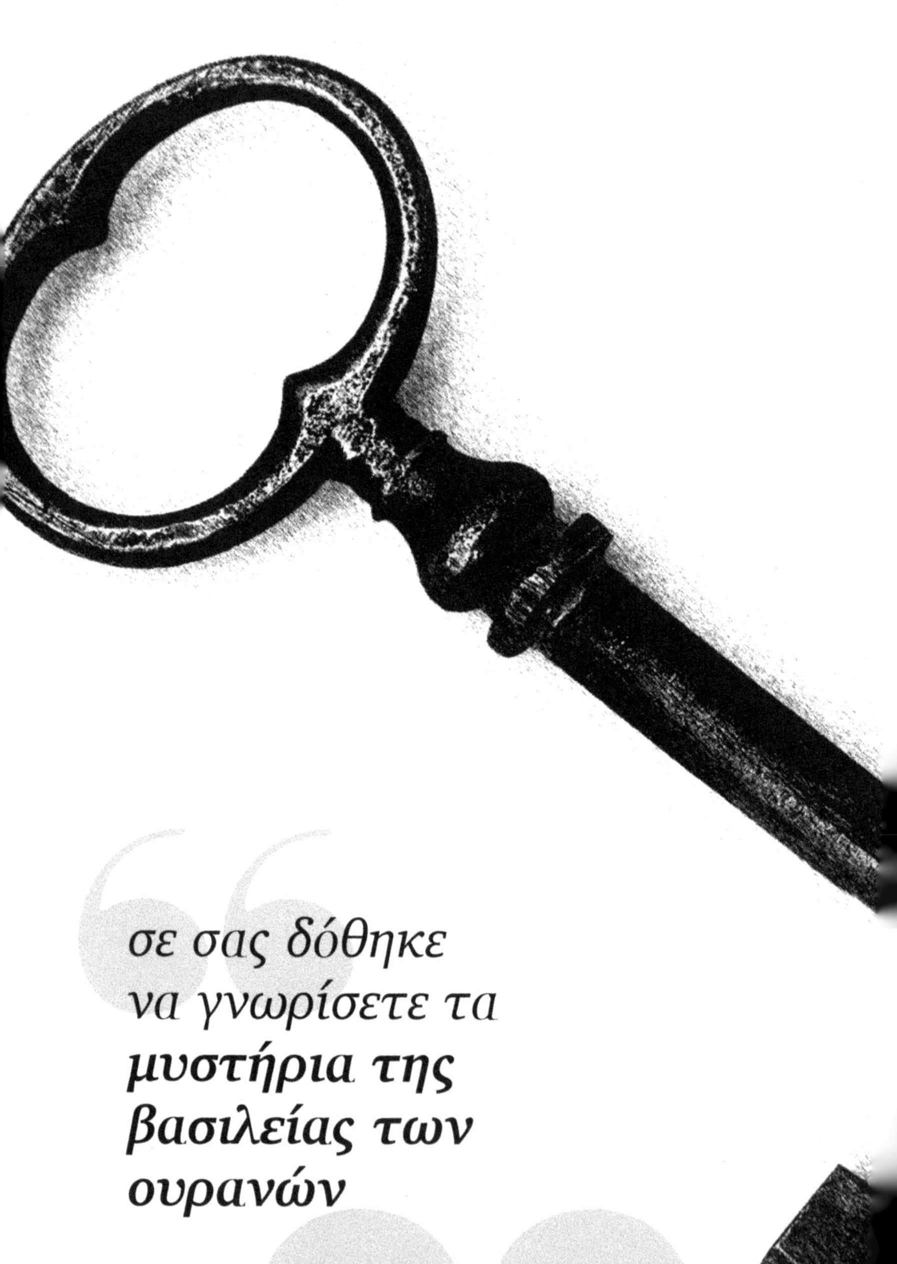

σε σας δόθηκε
να γνωρίσετε τα
μυστήρια της
βασιλείας των
ουρανών

(Ματθαίος 13:11)

ΚΕΦΑΛΑΙΟ 1

ΤΑ ΜΥΣΤΗΡΙΑ ΤΗΣ ΒΑΣΙΛΕΙΑΣ

Καθώς ο Ιησούς περπατούσε σ' αυτή τη γη, σκοπός Του ήταν να διδάξει τις αρχές της Βασιλείας του Θεού στους ανθρώπους. Ένας από τους τρόπους με τους οποίους το έκανε αυτό ήταν λέγοντας παραβολές. Αυτές οι ιστορίες για οικεία πράγματα βοηθούσαν τους ακροατές Του να κατανοήσουν τις πνευματικές αλήθειες. Οι περισσότεροι άνθρωποι χρειάζονταν βοήθεια, για να κατανοήσουν το νόημα των παραβολών.

Αμέσως αφού ο Ιησούς είπε την παραβολή του σπορέα για παράδειγμα, οι μαθητές Του άρχισαν να ξύνουν το κεφάλι τους και να λένε: «Γιατί τους μιλάς με παραβολές;» Ακόμη και οι στενότεροι οπαδοί Του δυσκολεύονταν να κατανοήσουν αυτή την ιστορία. Τότε ο Ιησούς είπε κάτι απίστευτα βαθύ:

Αμέσως αφού ο Ιησούς είπε την παραβολή του

σπορέα για παράδειγμα, οι μαθητές Του άρχισαν να ξύνουν το κεφάλι τους και να λένε: «Γιατί τους μιλάς με παραβολές;» Ακόμη και οι στενότεροι οπαδοί Του δυσκολεύονταν να κατανοήσουν αυτή την ιστορία. Τότε ο Ιησούς είπε κάτι απίστευτα βαθύ: [1]

Είμαι βέβαιος ότι ο Ιησούς ενθουσιαζόταν να αποκαλύπτει αυτά τα μυστήρια στους μαθητές Του, όταν ζητούσαν εξηγήσεις. Και για δύο χιλιάδες χρόνια αποκαλύπτει πνευματικές αλήθειες σε εκείνους που είναι πρόθυμοι να ρωτήσουν.

Τον Μάρτιο του 2020 διάβασα την Παραβολή των Δέκα Μνων στον Λουκά 19 και αναρωτήθηκα: «Τι στο καλό σημαίνει αυτό;» Αυτό αναρωτιόταν το ανθρώπινο μυαλό μου. Δεν ήξερα ότι ο Ιησούς επρόκειτο να αρχίσει να μου ξεδιπλώνει ένα μυστήριο της Βασιλείας!

Τον επόμενο χρόνο το Άγιο Πνεύμα άρχισε να μου αποκαλύπτει τα μυστικά της Βασιλείας των Ουρανών σε αυτή την παραβολή. Διορατικότητα και κατανόηση άρχισαν να εισρέουν. Άρχισα να γράφω όλα τα χρυσά ψήγματα αλήθειας που μου αποκάλυπτε στην ιστορία. Ο κατάλογος αυξήθηκε από ένα σε εκατό και στη συνέχεια σε πάνω από διακόσια. *«Γιατί σε αυτόν που έχει, θα δοθούν περισσότερα».*

---

1   Κατά Ματθαίον 13:11–12

Κούνησα το κεφάλι μου και σκέφτηκα: «Καταπληκτικό! Αυτή η παραβολή είναι χρυσωρυχείο». Ρωτούσα τους πιο στενούς μου φίλους: «Το έχετε δει ποτέ αυτό; Δεν είναι σπουδαίο; Φαντάζεστε να το κήρυττα αυτό; Πω πω! Δεν είμαι σίγουρος τι θα συνέβαινε. Κάπως με τρομάζει».

Ένα χρόνο αργότερα, συγκέντρωσα το θάρρος να κηρύξω το μήνυμα για πρώτη φορά σε μια εκκλησία στη Μαδρίτη της Ισπανίας. Ήμουν νευρικός. Τι θα συνέβαινε όταν θα μοιραζόμουν τα μυστήρια της Βασιλείας σε εκείνους που είχαν αυτιά να ακούσουν;

Εκείνο το πρωί, ο Θεός εξέχυσε το Πνεύμα του δυνατά και ο βωμός γέμισε με μετανοημένους μαθητές του Χριστού. Από εκείνη την ημέρα και μετά δεσμεύτηκαν να είναι πιστοί υπηρέτες και αφιέρωσαν τη ζωή τους στο να εργάζονται με τη Μνα τους.

Ο Κύριος με βοήθησε να γράψω αυτό το βιβλίο. Τώρα είναι η σειρά σας να καταλάβετε αυτό το μεγάλο μυστήριο! Είθε να σας δώσει αυτιά για να ακούτε, μάτια για να βλέπετε και καρδιά, για να υπακούτε στα μυστικά που θα αποκαλύψει.

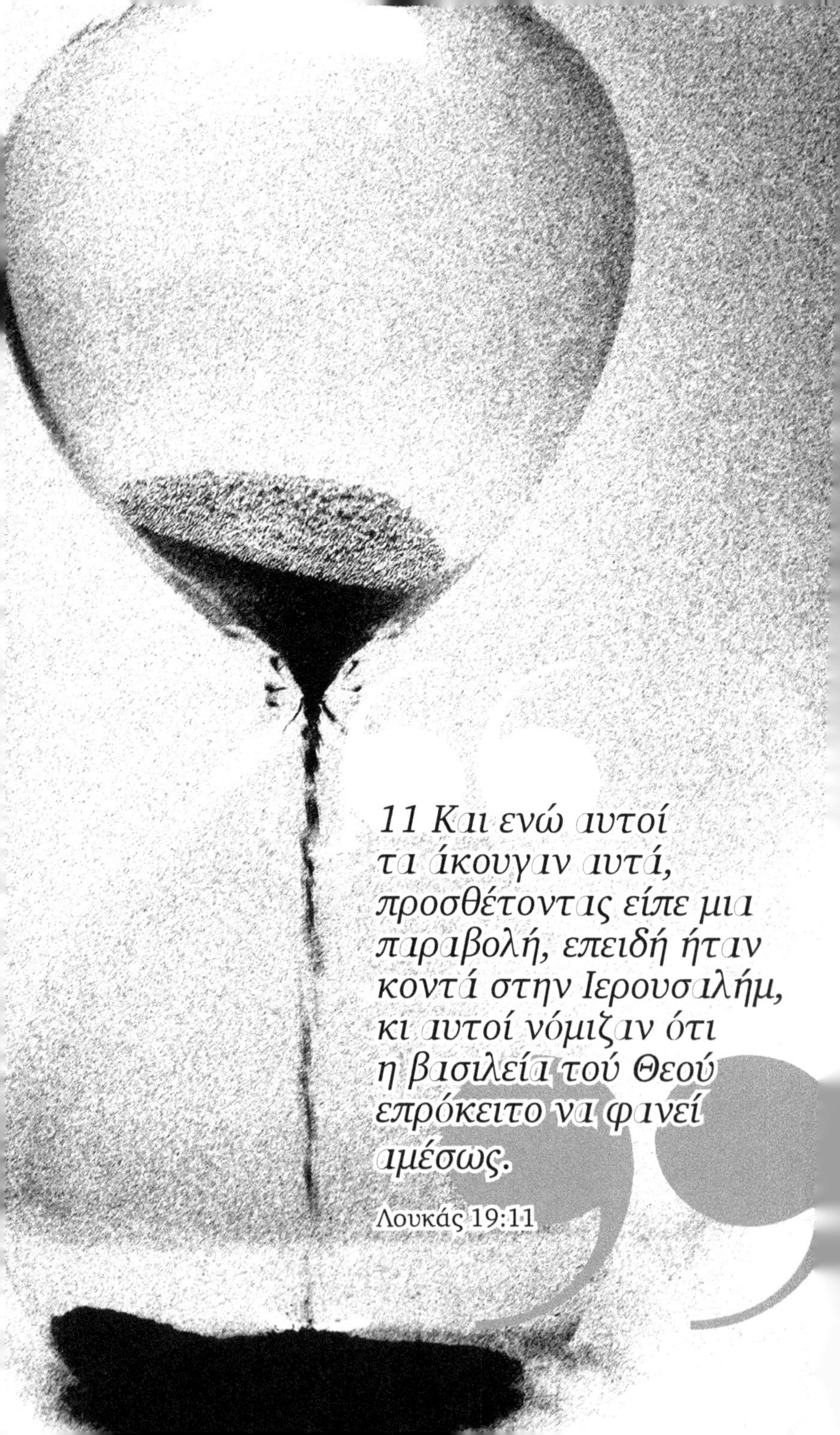

11 Και ενώ αυτοί
τα άκουγαν αυτά,
προσθέτοντας είπε μια
παραβολή, επειδή ήταν
κοντά στην Ιερουσαλήμ,
κι αυτοί νόμιζαν ότι
η βασιλεία του Θεού
επρόκειτο να φανεί
αμέσως.

Λουκάς 19:11

ΚΕΦΑΛΑΙΟ 2

ΓΙΑΤΙ ΕΙΠΕ Ο ΙΗΣΟΥΣ ΑΥΤΗ ΤΗΝ ΠΑΡΑΒΟΛΗ;

Οι μαθητές του Ιησού ήταν αρκετά ενθουσιασμένοι επειδή τελικά κατάλαβαν ότι ο Ιησούς ήταν ο Υιός του Θεού, ο Μεσσίας. Αφού έμειναν μαζί Του για τρία χρόνια παρατηρώντας τη ζωή Του και βλέποντάς Τον να κάνει το υπερφυσικό, σκέφτηκαν πως πιθανών να εγκαθίδρυε τη φυσική Του Βασιλεία την επόμενη εβδομάδα, κατά τη διάρκεια του Πάσχα.

Ωστόσο, ο Ιησούς γνώριζε κάτι που οι μαθητές δε γνώριζαν. Σε περίπου μια εβδομάδα θα σκοτωνόταν. Το φυσικό Βασίλειο του Ιησού ΔΕΝ θα ιδρυόταν αυτή τη στιγμή. Με αυτή την παραβολή, ο Ιησούς ήθελε να διευκρινίσει και να διορθώσει την εσφαλμένη τους αντίληψη ότι η Βασιλεία Του θα εγκαθιδρυόταν αμέσως. Τους έδωσε οδηγίες ότι έπρεπε να φύγει για λίγο. Εν τω μεταξύ, είχε για αυτούς να κάνουν μια δουλειά και όταν την τελείωναν θα επέστρεφε.

Να μια ερώτηση για σκέψη.

Πού ήταν ο Ιησούς όταν είπε αυτή την ιστορία;

Θυμάστε τον κοντό άνθρωπο, τον Ζακχαίο τον τελώνη, που ζούσε στην Ιεριχώ περίπου τριάντα πέντε χιλιόμετρα από την Ιερουσαλήμ; Θυμάστε την αλληλεπίδραση μεταξύ του Ιησού και του Ζακχαίου;

Κανείς δεν ξέρει ακριβώς τι είπε ο Ιησούς όταν ήταν στο σπίτι του Ζακχαίου. Ωστόσο, ο Ζακχαίος είχε μια πρόσωπο με πρόσωπο συνάντηση που άλλαξε ριζικά τα πάντα στη ζωή του. Εξαιτίας αυτής της συνάντησης, έδειξε άμεσους καρπούς της μετάνοιάς του: Ζήτησε συγχώρεση από εκείνους που είχε αδικήσει και επέστρεψε τέσσερις φορές τα χρήματα που είχε κλέψει από αυτούς. Αυτός είναι ένας ισχυρός δείκτης μιας αλλαγμένης ζωής!

Τώρα, εδώ είναι αυτό που είναι ενδιαφέρον.

Καθώς ο Ιησούς έβγαινε από την πόρτα του σπιτιού του Ζακχαίου, είπε κάτι στους μαθητές Του που τους θύμιζε την αποστολή *Του*. Αυτή η φράση θα ήταν μια μεταβατική φράση, για να τους εξηγήσει την δική τους αποστολή.

«Επειδή, ο Υιός τού ανθρώπου ήρθε να ζητήσει και να

σώσει το χαμένο».[2]

Να το. Ο Ιησούς, ο Υιός του Ανθρώπου, *ήρθε να αναζητήσει και να σώσει τους χαμένους.*

Ο Ιησούς διακήρυξε τον σκοπό που ήρθε σ' αυτή τη γη, δηλώνοντας ότι δεν ήταν εδώ μόνο για να κάνει ωραία πράγματα ή να μας δείξει πώς να ζούμε μια καλή ζωή. Ήταν εδώ για να αναζητήσει και να φέρει σωτηρία σε χαμένους ανθρώπους.

Μόλις άκουσαν αυτά τα πράγματα, ο Ιησούς είπε την παραβολή των δέκα Μνων.

Αφιερώστε λίγα λεπτά για να διαβάσετε μόνοι σας το κατά Λουκάν 19:11-27. Ο Ιησούς έχει μόνο μια εβδομάδα μπροστά Του, πριν θυσιαστεί στην Ιερουσαλήμ. Τώρα είναι ο καιρός να τελειώσει το σφυρηλάτισμα του πιο σημαντικού υλικού Του στις καρδιές των μαθητών Του. Γι' αυτό λέει: «Ήρθα για να αναζητήσω και να σώσω το χαμένο». Καθώς στέκεται στην πόρτα του μεταμορφωμένου Ζακχαίου, κοιτάζει τους μαθητές Του και, στην ουσία, δηλώνει: «Τώρα σας παραδίδω τη σκυτάλη. Όπως εγώ ήμουν, έτσι είστε κι εσείς τώρα στον κόσμο[3]. Θέλω να συνεχίσετε την αποστολή της αναζήτησης και σωτηρίας των χαμένων». Αυτή η «Μεγάλη Αποστολή» είναι ένα προοίμιο για αυτό που θα

---

2 Κατά Λουκάν 19:10

3 Α´ Ιωάννου 4:17

ακούσουν οι μαθητές ακριβώς πριν ο Ιησούς επιστρέψει στον Ουρανό.

Δεν είναι ενδιαφέρον το ότι ο Ιησούς συνέχιζε την αποστολή Του μια μόλις εβδομάδα πριν από το θάνατό Του και εξακολουθούσε να ψάχνει για τους χαμένους; Δεν σας εκπλήσσει ακόμη περισσότερο το γεγονός ότι παρέμεινε ενεργός στο κάλεσμά Του, να αναζητήσει και να σώσει, μέχρι και την ίδια την ώρα του σταυρού, όταν είπε στον ληστή δίπλα Του ότι θα τον ακολουθούσε στον Παράδεισο;

Ο Ιησούς βγαίνει από την πόρτα του σπιτιού του Ζακχαίου και λέει στους μαθητές Του την παραβολή των δέκα Μνων: μια ιστορία για να τους βοηθήσει να καταλάβουν τη «μία δουλειά» που τους αναθέτει να κάνουν.

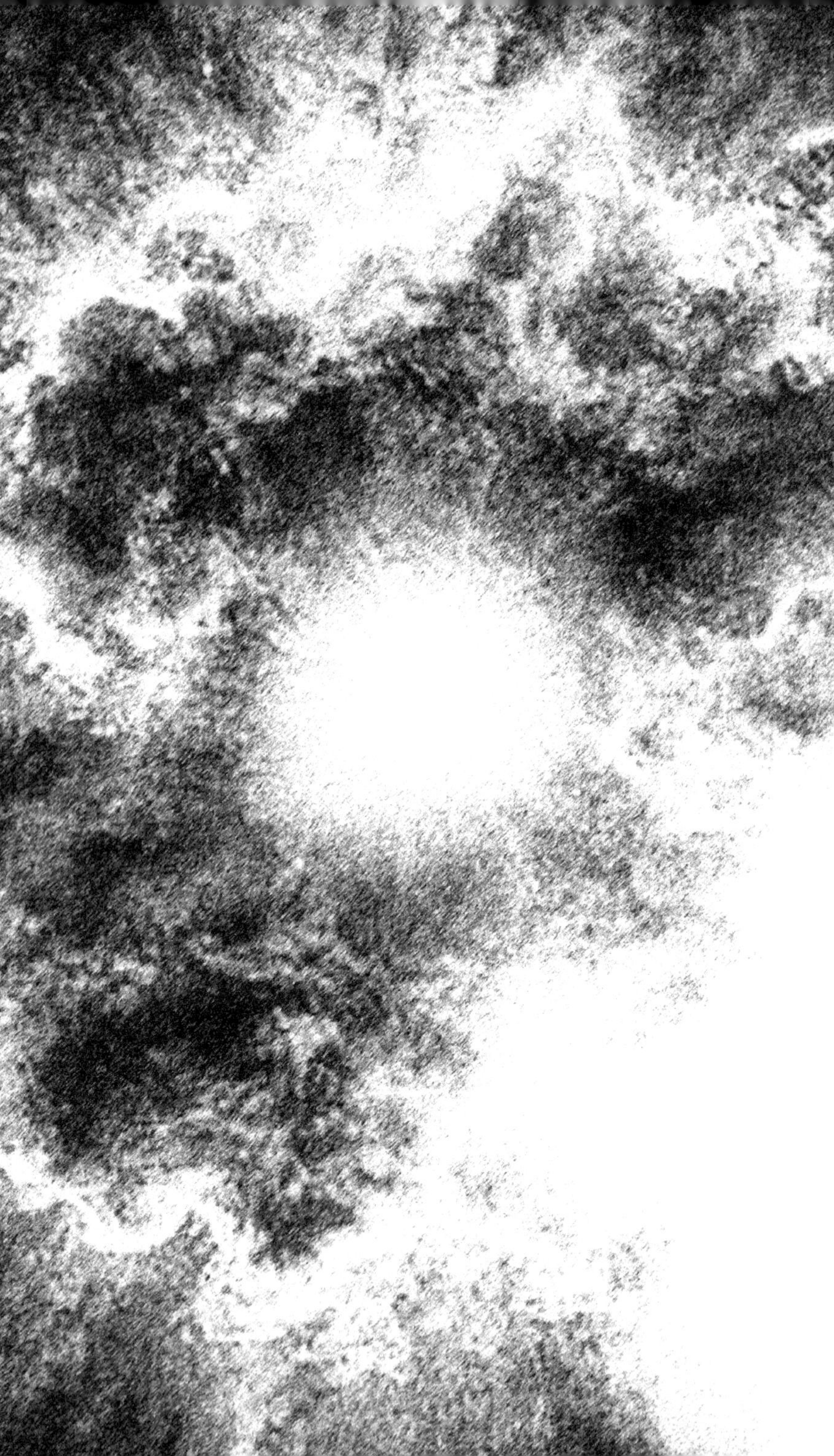

ΚΕΦΑΛΑΙΟ 3

Ο ΕΥΓΕΝΗΣ

Υπάρχουν μερικά πράγματα που θέλω να ορίσω, για να κατανοήσουμε καλύτερα αυτή την παραβολή.

Ο Ευγενής. Ο Ιησούς αναφέρεται στον εαυτό Του ως ευγενή που πήγε σε μια μακρινή χώρα. Αυτή η χώρα ήταν ο Ουρανός.

Γιατί έπρεπε να φύγει ο Ιησούς από αυτή τη γη; Ο Ιησούς είπε ότι έπρεπε να λάβει για τον εαυτό Του μια Βασιλεία και μετά, αφού πάρει τη Βασιλεία, θα επιστρέψει.

Εδώ είναι μερικοί λόγοι για τους οποίους ο Ιησούς ήρθε στη γη αρχικά:

- Να αναζητήσει και να σώσει τους χαμένους.
- Να σηκώσει τις αμαρτίες του κόσμου.
- Να καταστρέψει τα έργα του διαβόλου.
- Να μας συμφιλιώσει με τον Πατέρα Του.
- Να εδραιώσει τη βασιλεία Του στις καρδιές μας.

Ο Ιησούς εκπλήρωσε το δικό Του μέρος της αποστολής. Ήρθε να σηκώσει τις αμαρτίες του κόσμου. Αυτή ήταν η δουλειά Του. Αν και ο Ιησούς εκπλήρωσε την αποστολή Του, οι υπηρέτες Του πρέπει να ολοκληρώσουν **τη δική τους αποστολή.** Όταν το κάνουν αυτό, ο Ιησούς θα επιστρέψει.

Σε αυτό το σημείο, η παραβολή γίνεται προσωπική. Είναι εδώ που αρχίζεις να καταλαβαίνεις ότι για να λάβει ο Ιησούς πλήρως τη Βασιλεία Του χρειάζεται να κάνεις τη δουλειά σου.

Αν και ο Ιησούς εκπλήρωσε την αποστολή Του, οι υπηρέτες Του έπρεπε να ολοκληρώσουν τη δική τους αποστολή.

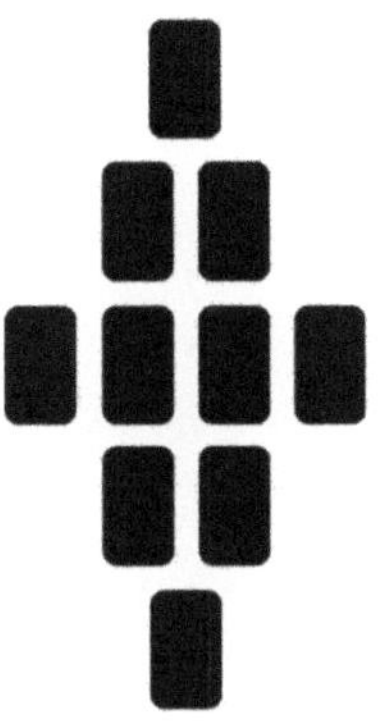

Και αφού κάλεσε
δέκα από τους δικούς
του δούλους, τους
έδωσε δέκα μνες

(εδ. 13)

ΚΕΦΑΛΑΙΟ 4

ΟΙ ΔΕΚΑ ΔΟΥΛΟΙ

Ποιοι είναι οι δούλοι; «Είναι άνθρωποι που, με τη θέλησή τους, ζουν κάτω από την εξουσία του Χριστού, ως αφοσιωμένοι ακόλουθοί του. Είναι κάποιος που ανήκει σε κάποιον άλλον, ένας υπηρέτης χωρίς δικαιώματα ιδιοκτησίας. Το ουσιαστικό νόημα του δούλου είναι η έννοια του ανήκειν – και το να ανήκεις στον Χριστό είναι η μεγαλύτερη τιμή στη ζωή»[4].

Ο ευγενής, λοιπόν, (Ιησούς) καλεί δέκα από τους δούλους του και τους μοιράζει δέκα μνες.

Κάθε υπηρέτης πήρε μία μνα. Όλοι οι υπηρέτες ήταν εξίσου υπεύθυνοι για αυτά που ο ευγενής τους έδωσε και η υπευθυνότητά τους δεν μπορούσε να μεταφερθεί σε κάποιον άλλον. Θυμήσου ότι κάποιοι ονομάζουν τους

---

4   Gary Hill, *The Discovery Bible.* Καταχώρηση:: G1401, H.E.L.P.S Ministries, thediscoverybible.com.

εαυτούς τους δούλους, αλλά δεν κάνουν αυτό που τους λέει ο κύριός τους[5]. Αυτοί είναι οι άπιστοι υπηρέτες.

Όταν διαβάζουν για τα δέκα μνες, οι περισσότεροι άνθρωποι σκέφτονται αμέσως την Παραβολή των Ταλάντων στο Ματθαίο 25[6]. Σίγουρα αυτές οι δύο παραβολές σχετίζονται και συνεργάζονται, αλλά είναι διαφορετικές. Για παράδειγμα, στην Παραβολή των Ταλάντων, ο Ιησούς έδωσε σε έναν υπηρέτη πέντε τάλαντα, σε έναν άλλο δύο και σε έναν άλλο μόνο ένα—ο καθένας ανάλογα με τις ικανότητές του. Ωστόσο, στην παραβολή των δέκα μνων, κάθε υπηρέτης λαμβάνει το ίδιο ποσό. Λίγο αργότερα, θα καταλάβετε πώς αυτές οι δύο παραβολές λειτουργούν μαζί.

Τώρα, ήρθε η ώρα να ξετυλίξουμε το νόημα της μνας!

Όλοι οι υπηρέτες ήταν εξίσου υπεύθυνοι για αυτά που ο ευγενής τους έδωσε και η υπευθυνότητά τους δεν μπορούσε να μεταφερθεί σε κάποιον άλλον.

5   Κατά Λουκάν 6:46

6   Κατά Ματθαίον 25:14—30

...τους έδωσε δέκα μίνα.
(εδ. 13)

ΚΕΦΑΛΑΙΟ 5

ΤΟ ΜΥΣΤΗΡΙΟ ΤΗΣ ΜΝΑΣ

Πριν ανακαλύψουμε τη σημασία της μνας, χρειάζεται να ξέρουμε τι είναι η μνα. Ιστορικά μια μνα ήταν μια ασημένια ράβδος βάρους περίπου μισού κιλού. Τον πρώτο αιώνα, αυτή η ασημένια ράβδος άξιζε περίπου μισθούς τριών μηνών.

Τι αντιπροσωπεύει η μνα σε αυτή την παραβολή;

Αυτό είναι σημαντικό γιατί, μόλις γνωρίσεις το πνευματικό νόημα της μνας, θα καταλάβεις πιο καθαρά τη μία δουλειά που ο Ιησούς περιμένει από εσένα να κάνεις.

Επιτρέψτε μου να μοιραστώ μερικές περικοπές από τη Βίβλο που με βοήθησαν να ερμηνεύσω τη σημασία της μνας.

1.   Τι έκανε ο Ιησούς ακριβώς πριν πει αυτή την ιστορία; Έφερε τη σωτηρία στο σπίτι ενός αμαρτωλού. Αυτή η συνάντηση με τον Ζακχαίο Τον ενέπνευσε να διηγηθεί την ιστορία των δέκα μνων.

2.   Ο Ιησούς είπε, «όπως με απέστειλε ο Πατέρας, και εγώ αποστέλλω εσάς»[7]. Η αποστολή του Ιησού ήταν να αναζητήσει και να σώσει τους χαμένους.

3.   Μερικούς μήνες αργότερα, καθώς ο Ιησούς επρόκειτο να αναληφθεί σε «μια μακρινή χώρα», είπε: «Δόθηκε σε μένα κάθε εξουσία στον ουρανό και επάνω στη γη. **Αφού**, λοιπόν, *πορευτείτε, κάντε μαθητές όλα τα έθνη, βαπτίζοντάς* τους στο όνομα του Πατέρα και του Υιού και του Αγίου Πνεύματος, *διδάσκοντάς* τους να τηρούν όλα όσα παρήγγειλα σε σας· και δέστε, εγώ είμαι μαζί σας όλες τις ημέρες, μέχρι τη συντέλεια του αιώνα» (η έμφαση προστέθηκε από εμένα)[8]. Μήπως αυτό ακούγεται σαν αυτό που είπε ο ευγενής στους δέκα υπηρέτες όταν τους έδωσε τις δέκα μνες; Τους είπε να πάνε να εργαστούν με τη μνα όσο έλειπε.

4.   Στο ίδιο βουνό, ένας άλλος μαθητής άκουσε τον Ιησού να λέει: «Πηγαίνετε σε όλο τον κόσμο, και *κηρύξτε το ευαγγέλιο σε όλη την κτίση. Όποιος πιστέψει και βαπτιστεί, θα σωθεί·* όποιος, όμως, απιστήσει, θα κατακριθεί»[9]. Ο Ιησούς ήταν έτοιμος να πάει σε μια μακρινή χώρα και τους είπε **ξανά** τι ήθελε να κάνουν όταν θα είχε φύγει.

---

7   Κατά Ιωάννην 20:21

8   Κατά Ματθαίον 28:18–20, η υπογράμμιση δική μου

9   Κατά Μάρκον 16:15–16

5.   Παρακάτω στην ιστορία οι δούλοι παρουσιάζουν στον ευγενή ό,τι είχαν κερδίσει από τις δουλειές τους και του λένε: «Κύριε, η μνα σου κέρδισε . . . ». Αυτή η δήλωση δείχνει ότι η μνα δεν είναι δική μας (όπως και τα ταλέντα δεν είναι δικά μας) αλλά ανήκει στον Κύριο. Τι έδωσε ο Ιησούς εξίσου σε όλους τους μαθητές Του που ανήκει στον εαυτό Του;

6.   Ο Ιησούς λέει, «Και τούτο *το ευαγγέλιο της βασιλείας* θα κηρυχθεί σε ολόκληρη την οικουμένη, για μαρτυρία σε όλα τα έθνη· και, τότε, θάρθει το τέλος»[10]. Ο Ιησούς, λοιπόν, θα επιστρέψει όταν λάβει τη βασιλεία Του. Πότε θα συμβεί αυτό; Όταν το Ευαγγέλιο θα κηρύσσεται σε όλο τον κόσμο.

Το συμπέρασμά μου από τα παραπάνω σημεία είναι ότι η μνα αντιπροσωπεύει το **ΜΗΝΥΜΑ ΤΟΥ ΕΥΑΓΓΕΛΙΟΥ.**

Έχοντας συμβουλευτεί δεκάδες βιβλικά υπομνήματα, έχω διαπιστώσει ότι πολλοί σχολιαστές συγχέουν την παραβολή των δέκα μνων με την παραβολή των ταλάντων. Άλλοι δεν δίνουν καν μια ερμηνεία της μνας ή της σημασίας της. Ωστόσο, έχω ανακαλύψει και άλλους που συμπεραίνουν επίσης ότι η μνα αντιπροσωπεύει το μήνυμα του Ευαγγελίου. Να μερικοί από αυτούς.

1.   Ο Charles Spurgeon λέει για τον δούλο και τη μνα: «Ήταν οι έμπιστοι και οι διαχειριστές του. Δεν τους

---

10   Κατά Ματθαίον 24:14

επέβλεπε γιατί είχε πάει σε μια μακρινή χώρα και τους εμπιστευόταν ότι θα ήταν έντιμοι στην αποστολή τους. Δεν έπρεπε να δίνουν καθημερινό λογαριασμό αλλά να μείνουν μόνοι τους μέχρι να επιστρέψουν. Έτσι ακριβώς συμπεριφέρθηκε και σε μας ο Κύριος: μας εμπιστεύτηκε το **Ευαγγέλιο** και βασίζεται στην τιμή μας»[11].

2.　Ο Campbell Morgan είπε: «Μπορεί να μην έχουμε δέκα ταλέντα, αλλά αυτό είναι άλλο θέμα. Το νόμισμα [μνα] είναι κάτι άλλο από ένα δώρο. Το νόμισμα είναι μια παρακαταθήκη και είναι το **Ευαγγέλιο** της χάρης του Θεού. Είμαστε μάρτυρες αυτού του Ευαγγελίου»[12].

3.　Ο William Taylor δηλώνει: «Για αυτόν τον σκοπό, έχει δώσει στον καθένα ένα νόμισμα - την κοινή ευλογία του **Ευαγγελίου** και τις ευκαιρίες του. Τα τάλαντα διέφεραν για κάθε υπηρέτη αλλά το νόμισμα ήταν το ίδιο για όλους».[13]

Η μνα αντιπροσωπεύει το μήνυμα του ευαγγελίου

Το μήνυμα του ευαγγελίου! Τι δύναμη υπάρχει στη μνα! Η δύναμη του Θεού για σωτηρία! Εκρηκτική

11　C. H. Spurgeon, *Our Lord's Parables* (Οι Παραβολές του Κυρίου μας) (Passmore &; Edinburgh: London, 1904), σ. 245.

12　Campbell Morgan, *The Parables and Metaphors of Our Lord* (Οι παραβολές και μεταφορές του Κυρίου μας) (Marshall, Morgan and Scott, 1943), σ. 247.

13　Ουίλιαμ Τέιλορ, Οι παραβολές του Σωτήρα μας (Kregel Publications, Grand Rapids, MI, 1975) σ. 437.

δύναμη! Μεταμορφωτική δύναμη! Δύναμη να σωθεί μια ψυχή από αιώνιες φλόγες! Δύναμη να μας ελευθερώσει από τον διάβολο και να σπάσει τις αλυσίδες της αμαρτίας! Δύναμη να συγχωρήσει τις αμαρτίες από το βιβλίο της ζωής μας! Δύναμη να μας ανακηρύξει αθώους ενώπιον του Θεού Πατέρα! Δύναμη να μας κάνει άγιους και αποδεκτούς ενώπιον του Θεού! Δύναμη να ανοίξει τις πόρτες στον Ουρανό! Δύναμη να σε κάνει γιο ή κόρη του Πατέρα! Δύναμη να σε συμφιλιώσει με τον Θεό και να γίνεις φίλος Του!

Το μήνυμα του ευαγγελίου! Ο Ιησούς πήρε τη θέση μας. Ο αθώος για τους ενόχους. Ο δίκαιος για τους άδικους. Ο καθαρός για τους βρόμικους. Ο Ιησούς ήπιε το ποτήρι της οργής και της κρίσης, για να μην χρειαστεί να το κάνουμε εμείς!

Το μήνυμα του Ευαγγελίου είναι ακριβώς αυτό. Είναι ένα μήνυμα που διακηρύσσεται, προσφέρεται και λαμβάνεται δωρεάν. Σώζεσαι με τη χάρη μέσω της πίστης. Δεν είναι δικό σου έργο, αλλά ένα δώρο από τον Θεό[14].

Το να κατανοήσεις τη μνα ως το μήνυμα του Ευαγγελίου, όχι μόνο σε βοηθά να καταλάβεις το νόημα της παραβολής, αλλά καθορίζει επίσης την αποστολή σου ως υπηρέτη του Ιησού. Περιγράφει τη μία δουλειά που σου έδωσε να κάνεις κατά την απουσία Του.

---

14 Προς Εφεσίους 2:8

ΚΕΦΑΛΑΙΟ 6

ΠΡΑΓΜΑΤΕΥΘΕΙΤΕ

Ο ευγενής στην Παραβολή των Δέκα Μνων δεν άφησε καμία αμφιβολία για τις προσδοκίες που είχε από τους υπηρέτες του! Έπρεπε να πάρουν τη μνα και να «πραγματευθούν», δηλαδή να εργαστούν με αυτή, μέχρι να επιστρέψει.

Το να πραγματευθείς συνεπάγεται να κάνεις κάτι κερδοφόρο ή επωφελές. Ο Ιησούς (ο ευγενής σου) σου έδωσε μια ισχυρή μνα και πρέπει να την θέσεις σε λειτουργία – ανταλλάσσοντας, συναλλάσσοντας, διαπραγματευόμενος, επενδύοντας και πολλαπλασιάζοντας αυτό το μήνυμα του Ευαγγελίου με τον καλύτερο δυνατό τρόπο.

Το συναρπαστικό είναι ότι το Άγιο Πνεύμα σε έχει εξοπλίσει με όλα όσα χρειάζεσαι, για να εργαστείς με τη μνα.

Δες πώς λειτουργεί η Παραβολή των Ταλάντων με την Παραβολή των Δέκα Μνων. Το Πνεύμα του Θεού δίνει «τάλαντα» σε κάθε υπηρέτη, στον καθένα σύμφωνα με τις ικανότητές του και όπως θέλει το ίδιο το Πνεύμα.[15]

Τόσο η μνα όσο και το τάλαντο ήταν αρχαίες μονάδες βάρους. Ένα τάλαντο στους ιστορικούς χρόνους ήταν μια κυριολεκτική ποσότητα αργύρου ισοδύναμη με περίπου 27 κιλά. Σε αυτές τις δύο παραβολές, ωστόσο, δίνεται σε αυτές τις μονάδες βάρους πνευματική σημασία: η μνα είναι το μήνυμα του Ευαγγελίου και τα τάλαντα είναι τα χαρίσματα και οι ικανότητές μας.

Μία **μνα** = 1 ασημένια ράβδος βάρους περίπου μισού κιλού.

Ένα **τάλαντο** = 60 ασημένιοι ράβδοι βάρους περίπου 27 κιλών.

Δύο **τάλαντα** = 120 ασημένιοι ράβδοι βάρους περίπου 120 κιλών.

Πέντε **τάλαντα** = 300 ασημένιοι ράβδοι βάρους περίπου 135 κιλών.

Επομένως, ακόμα κι αν είσαι υπηρέτης ενός ταλάντου, ο Θεός σου έχει δώσει μια αφθονία χαρισμάτων, για να εργαστείς με το Ευαγγέλιο! Δεν έχεις καμία δικαιολογία, για να μην πραγματευθείς. Έχεις τόσα πολλά!

Το τάλαντο στην παραβολή του Ματθαίου 25

---

15 Ματθαίος 25:15: «σε έναν μεν έδωσε πέντε τάλαντα, σε άλλον δε δύο, και σε άλλον ένα· σε κάθε έναν σύμφωνα με τη δική του ικανότητα· κι αμέσως αποδήμησε. Μετά έφυγε».

αντιπροσωπεύει αυτό που ο Θεός σου έχει δώσει συγκεκριμένα και μοναδικά ως υπηρέτη Του. Κανείς άλλος δεν έχει ακριβώς αυτό που έχεις. Είσαι ο μόνος που μπορεί να κάνει το έργο που ο Θεός προετοίμασε για σένα να κάνεις.

Τα τάλαντα περιλαμβάνουν τις ικανότητές σας, τις ειδικές χάρες, την προσωπικότητα, τις ευκαιρίες ζωής, τα πνευματικά χαρίσματα, τα χρήματα, την υγεία, τη δύναμη κ.λπ.

Ας γίνουμε λοιπόν πρακτικοί για λίγα λεπτά και ας συζητήσουμε πώς μπορούμε να εργαστούμε με τη μνα.

Εδώ είναι τρεις τρόποι με τους οποίους μπορείς να επενδύσεις τη μνα

1.   Επένδυσε τη μνα στον εαυτό σου.

2.   Μοιράσου τη μνα με τους πολίτες (άπιστους) αυτού του κόσμου.

3.   Εφάρμοσε τη μνα μαθητεύοντας τους υπηρέτες του Θεού.

1. Επένδυσε τη μνα στον εαυτό σου

Θα το επαναλάβω. Επένδυσε τη μνα στον εαυτό σου! Το Ευαγγέλιο πρέπει να εφαρμοστεί πρώτα στη δική σου ζωή. Πρέπει να επιτρέψεις στο Ευαγγέλιο να σε επηρεάσει εντελώς και να μεταμορφώσει τη ζωή σου, διαφορετικά κινδυνεύεις να είσαι ένας άπιστος, κακός υπηρέτης.

Είναι φοβερή η περίπτωση του «θρησκευόμενου ατόμου» ή των «Φαρισαίων», που έχουν μια μορφή ευσέβειας, αλλά αρνούνται τη δύναμη αυτού που έκανε ο Ιησούς γι᾽ αυτούς στο σταυρό, μη επιτρέποντας στο Ευαγγέλιο να μεταμορφώσει τη ζωή τους.

Με λυπεί να σκέφτομαι τους πολλούς ανθρώπους μέσα στις εκκλησίες μας που είναι απλώς «κατ᾽ όνομα» Χριστιανοί. Ομολογούν ή λένε ότι είναι Χριστιανοί και διεκδικούν το όνομα του Χριστιανού, αλλά δεν έχουν πραγματικά αναγεννηθεί. Δεν έχουν νέα φύση, δεν έχουν Πνεύμα του Θεού να ενοικεί μέσα τους, δεν έχουν άρωμα Χριστού και δεν έχουν καρπούς μετάνοιας. Δεν κάνουν καμία δουλειά με τη μνα επειδή δεν έχουν καρδιά ή επιθυμία να το κάνουν. Το κίνητρο να ευαγγελίζουμε, να ζούμε άγια και να μαθητεύουμε άλλους προέρχεται μόνο από μια νέα φύση.

Ο Philip Ryken λέει: «Να μερικοί τρόποι με τους οποίους μπορούμε να θέσουμε το Ευαγγέλιο σε λειτουργία. Το κάνουμε αυξανόμενοι στην χριστιανική μας ζωή μέσω της μετάνοιας, της προσευχής και της καθημερινής εξάρτησης από το Άγιο Πνεύμα. Το κάνουμε εμπιστευόμενοι τον Θεό να καλύψει τις ανάγκες μας και να καθοδηγήσει τις αποφάσεις μας»[16].

Πλήθη ανθρώπων λαμβάνουν τη μνα κάθε εβδομάδα στην εκκλησία και δεν κάνουν τίποτα, για

---

16 Χριστιανός θεολόγος και πρόεδρος του Wheaton College, Philip Graham Ryken, Gospel of Luke: Volume 2, Reformed Expository Commentary (P&R Publishing, 2009).

να την εφαρμόσουν στη ζωή τους. Δεν θέλετε να είστε αυτό το άτομο! Βεβαιωθείτε ότι έχετε επενδύσει τη μνα στον εαυτό σας.

2. Μοιράσου τη μνα με τους πολίτες αυτού του κόσμου

Ο Ιησούς δήλωσε ότι, καθώς ο Πατέρας Τον έστειλε, και Εκείνος έστειλε εμάς, για να γίνουμε ένα φως που λάμπει στο σκοτάδι, να γίνουμε το αλάτι της γης και να πάμε σε όλο τον κόσμο. Πώς θα επικαλεστούν οι χαμένοι το όνομα του Κυρίου, αν δεν έχουν κανέναν να τους πει γι' Αυτόν; Είμαστε πρεσβευτές/εκπρόσωποι του Χριστού, ικετεύοντας τους πολίτες και προτρέποντάς τους να συμφιλιωθούν με τον Θεό και να κάνουν ειρήνη μαζί Του.

Αυτό σημαίνει να εργαστείς με τη μνα.

Καμία ηλικία ή τοποθεσία δεν μπορεί να περιορίσει την εργασία σου. Η πεθερά μου βρίσκεται σε οίκο ευγηρίας. Αν και δεν μπορεί να βγει πολύ, προσφέρει σε ιεραποστολές επενδύοντας τα χρήματά της σε άλλους που μπορούν να είναι στην πρώτη γραμμή. Προσεύχεται για όσους ζουν στον οίκο ευγηρίας και μεσιτεύει για τη σωτηρία της οικογένειας και των φίλων της. Αυτή είναι μια αποτελεσματική 'επιχείρηση' με τη μνα!

Ένα άλλο παράδειγμα επιχείρησης με τη μνα προέρχεται από μια νεαρή γυναίκα από το Μεξικό. Έλαβε κυριολεκτικά μια ασημένια μπάρα μισού κιλού και αξίας 500 δολαρίων. Όταν μοιράστηκε το μήνυμα της μνας με τον ποιμένα της, της ζήτησε να το μοιραστεί με την εκκλησία. Εμπνευσμένοι, οι άνθρωποι σχημάτισαν μια ομάδα ευαγγελισμού. Αυτή η ομάδα βγήκε στους δρόμους της πόλης τους και διέδωσε το Ευαγγέλιο. Καθώς οι άνθρωποι μετανόησαν και αποφάσισαν να ακολουθήσουν τον Ιησού, αυτή η γυναίκα και η ομάδα ευαγγελισμού τούς κάλεσαν στην καφετέρια της εκκλησίας, για να τους βοηθήσουν να αυξηθούν στη νέα τους πίστη. Σύντομα, ήταν τόσοι πολλοί που έπρεπε να βρουν μεγαλύτερο χώρο. Μετονόμασαν τη νέα καφετέρια σε «Café La Mina» (Το καφέ της μνας). Στη συνέχεια, αυτή η γυναίκα έλιωσε την ασημένια ράβδο, έφτιαξε ένα καλούπι μιας μινιατούρας μνας στο μέγεθος νυχιού και έβαλε τη μικρή μνα σε αλυσίδες κολιέ και βραχιολιών. Τώρα τα πουλάει, δίνοντας τα κέρδη σε ιεραποστολές! Κάνει εξαιρετική δουλειά στην επιχείρηση μνα!

3. Εφάρμοσε τη μνα μαθητεύοντας τους υπηρέτες του θεού

Η Μεγάλη Αποστολή είναι διττή: να κηρύξουμε τη μνα (Ευαγγέλιο) και να μαθητεύσουμε εκείνους που δέχονται το Ευαγγέλιο. Η μαθητεία, με την αληθινή της έννοια, δεν είναι «η παρακολούθηση μιας τάξης». Είναι να παίρνεις έναν συνυπηρέτη δίπλα σου και να λες: «Ακολούθησέ με, όπως ακολουθώ τον Χριστό. Κάνε ό,τι κάνω εγώ». (Βλέπεις πόσο σημαντικό είναι να εφαρμόζεις και να ενσωματώνεις πρώτα τη μνα στη ζωή σου;) Άφησε τον νέο πιστό να σε ακούσει να προσεύχεσαι. Επίτρεψέ του να σε παρακολουθεί καθώς διαδίδεις το Ευαγγέλιο σε κάποιον. Μελετήστε τις Γραφές μαζί. Ρώτησε: «Τι σου λέει ο Κύριος κατά τη διάρκεια της προσωπικής σου ώρας μαζί Του;» Κρατήστε τον/την υπόλογο. Δίδαξέ τον να υπακούει σε όλα όσα μας δίδαξε ο Χριστός. Αυτό βοηθά και τους άλλους να εργαστούν με τη μνα.

Ο Ιησούς δεν λέει στους υπηρέτες Του **πώς** να εργαστούν και να βγάλουν κέρδος με το μήνυμά Του. Νομίζω ότι είναι καλό που δεν το έκανε! Ας υποθέσουμε ότι μας έδινε μια μεθοδολογία λέγοντας ότι όλοι έπρεπε να σταθούμε πάνω σε ένα κόκκινο κουτί στη γωνία του δρόμου και να κηρύξουμε το Ευαγγέλιο. Σε αυτή την περίπτωση, μπορεί να γείρεις πίσω και να πεις: «Λοιπόν, δεν είμαι τόσο σίγουρος γι' αυτό!» Το «πώς» είναι αυτό που το Άγιο Πνεύμα θα σου αποκαλύψει σύμφωνα με τα χαρίσματα και τα ταλέντα σου. Θυμήσου: μπορεί να υπάρχουν χίλιες διαφορετικές μέθοδοι, αλλά υπάρχει μόνο ένα Μήνυμα. Ο Θεός σου δίνει όλο τον εξοπλισμό που χρειάζεσαι. Εξαρτάται από σένα να ανακαλύψεις, με τη βοήθεια του Αγίου Πνεύματος, το «πώς». Πολλοί άνθρωποι εργάζονται τη μνα φροντίζοντας για της φυσικές ανάγκες των ανθρώπων. «Βάζουμε επίσης το Ευαγγέλιο σε εφαρμογή υπηρετώντας ανθρώπους που έχουν ανάγκη, δείχνοντας την αγάπη και το έλεος του Χριστού σε ανθρώπους που είναι μόνοι, άρρωστοι, άστεγοι, φοβισμένοι και σε πένθος. Κατόπιν, βάζουμε το Ευαγγέλιο σε εφαρμογή αγαπώντας την οικογένειά μας με την αγάπη του Ιησού και μεταδίδοντας την πίστη μας στους φίλους μας. Βάζουμε το Ευαγγέλιο σε εφαρμογή επενδύοντας στο ιεραποστολικό έργο, προσευχόμενοι, δίνοντας, στέλνοντας και πηγαίνοντας στα Έθνη με τα καλά νέα για τον Ιησού Χριστό»[17].

Θυμήσου το εξής. Μπορείς να κάνεις πολλά «καλά πράγματα» στον κόσμο, τα οποία είναι απαραίτητα, αλλά και ο Ερυθρός Σταυρός κάνει πολλά καλά πράγματα. Οι άπιστοι ταΐζουν τους πεινασμένους και σκάβουν πηγάδια για πόσιμο νερό. Δεν χρειάζεται να είναι κανείς μαθητής του Χριστού, για να το κάνει αυτό. Αλλά υπάρχει κάτι που μόνο εσύ μπορείς να δώσεις στον κόσμο και που κανείς άλλος δεν μπορεί: **το μήνυμα του Ευαγγελίου.** Εξασκήσου στο πρώτο χωρίς να παραμελείς το δεύτερο.

Η ιστορία του σπορέα θα σε βοηθήσει επίσης να κατανοήσεις το πώς να εργάζεσαι με τη μνα.

Έχε κατά νου ότι η μνα δεν είναι δική σου, αλλά του Θεού. Στην παραβολή του σπορέα, ο σπόρος είναι το Ευαγγέλιο – το ίδιο με τη μνα. Ακριβώς όπως φυτεύεις τον σπόρο στη ζωή των ανθρώπων και πέφτει σε καρδιές με διαφορετικά επίπεδα ετοιμότητας εδάφους, όταν προσφέρεις το μήνυμα της μνας, οι ανταποκρίσεις θα είναι διαφορετικές.

Θυμήσου: Δεν καθορίζεις εσύ σε τι είδους καρδιά πέφτει ο σπόρος/μνα (το Ευαγγέλιο).

---

17 Ryken, *Ευαγγέλιο του Λουκά.*

1.   Μερικοί άνθρωποι θα έχουν σκληρή καρδιά και δε θα καταλάβουν το μήνυμα και ο Διάβολος θα κλέψει αμέσως τη μνα που προσφέρεις.

2.   Κάποιοι θα ακούσουν το μήνυμα της μνας και θα το δεχτούν με χαρά. Ωστόσο, όταν έρθουν δύσκολοι καιροί, θα πέσουν επειδή το Ευαγγέλιο δεν ρίζωσε.

3.   Άλλοι ακούν τον λόγο της μνας, αλλά αγαπούν τον κόσμο περισσότερο. Η αγάπη τους για τα πλούτη και την ευχαρίστηση κλέβει τη μνα, χωρίς η επένδυση να παράγει όφελος.

4.   Τέλος, υπάρχει μια ομάδα ανθρώπων με ανοιχτές καρδιές. Όταν τους προσφέρεται η μνα, την καταλαβαίνουν, την αποδέχονται πρόθυμα και παράγει άφθονο όφελος.

Ελπίζω να μην παραλείψατε αυτή την ιστορία, λέγοντας βιαστικά «Ναι, το ξέρω ήδη αυτό». Εάν παραλείψατε αυτά τα τέσσερα σημεία, επιστρέψτε και διαβάστε τα.

Υπάρχουν μερικά πράγματα που έχω μάθει για τη σπορά ή «επένδυση» της μνας.

1.   Ακριβώς όπως είναι δουλειά μας να σκορπίσουμε σπόρους, είναι δουλειά μας να προσφέρουμε τη μνα.

2.   Και οι τέσσερις καρδιές ακούν το Ευαγγέλιο, αλλά μόνο μία δείχνει καρπό ΣΩΤΗΡΙΑΣ.

3.   Δεν αναγεννιούνται όλοι όσοι σηκώνουν τα χέρια τους, έρχονται μπροστά σε ένα κάλεσμα, ή λένε μια προσευχή μετάνοιας. Να είσαι πολύ προσεκτικός αν

είσαι κάποιος που «μετράει αποφάσεις για τον Χριστό». Δεν ξέρεις τι έχει συμβεί πραγματικά στην καρδιά αυτού του ατόμου. Μόνο ο Θεός ξέρει. Με τον καιρό, μπορούμε να δούμε τους καρπούς της μετάνοιας. Στη συνέχεια, αν υπάρχει καρπός και συνεχίσουν να μεγαλώνουν, θα ξέρουμε ότι η μνα έχει γίνει αποδεκτή και εφαρμοστεί στην ψυχή τους.

Επιτυχία στην εργασία σου με τη μνα

Η μεγαλύτερη απογοήτευση στον ευαγγελισμό και τη μαθητεία είναι η έλλειψη άμεσων καρπών ή ορατών αποτελεσμάτων. Αισθανόμαστε αποτυχημένοι αν δεν δούμε γρήγορα αυτά που θέλουμε ή περιμένουμε.

Πρέπει να το επαναλάβω. Εάν μετράς την επιτυχία σου με γρήγορα αποτελέσματα, θα απογοητευθείς, θα αποθαρρυνθείς και ενδεχομένως θα εγκαταλείψεις το έργο.

Η επιτυχία στην 'επιχείρηση μνα' μετριέται διαφορετικά από την επιτυχία σε μια επίγεια επιχείρηση. Η επιτυχία σου μετριέται από την πιστότητά σου στη διάδοση του Ευαγγελίου, όχι από τα άμεσα ορατά αποτελέσματά σου.

Δεν είσαι υπεύθυνος για το αποτέλεσμα – ο Θεός είναι! Αν υπερβάλλεις τα εξωτερικά αποτελέσματα, για να φαίνεσαι καλός μπροστά στους συνδούλους σου, θα αραιώσεις το μήνυμα του Ευαγγελίου, για να το κάνεις πιο εύγευστο και λιγότερο προσβλητικό. Θα σταματήσεις να μιλάς για την αμαρτία, την κρίση, την αιωνιότητα, την κόλαση, τη φρίκη του σταυρού, την οργή του Θεού και τη μετάνοια. Θα πέσεις στην παγίδα να ενθαρρύνεις τους ανθρώπους να επαναλαμβάνουν απλώς μια προσευχή χωρίς αληθινή μετάνοια, για να κερδίσουν μια καλύτερη ζωή και ένα δωρεάν εισιτήριο για τον Ουρανό.

Φίλε μου, δεν είμαι σίγουρος πώς να σου το πω αυτό. ΔΕΝ θέλεις να είσαι εκείνο το άτομο που θα σταθεί μπροστά στον Ιησού στην τελική κρίση και θα ομολογήσει ότι χειραγώγησε τη μνα αναμειγνύοντάς την με άχρηστα κράματα και απογυμνώνοντάς την από όλη τη δύναμη και την αξία της.

Σοβαρά! Μην παίζεις με τη μνα.

Πριν ολοκληρώσω αυτό το κεφάλαιο, θέλω να σε βοηθήσω να καθορίσεις τον ρόλο και την ευθύνη σου στην 'επιχείρηση μνα'.

Υπάρχουν τρεις ρόλοι στη διακονία

1. Ο ρόλος του Θεού.
2. Ο ρόλος σου.
3. Ο ρόλος του αμαρτωλού.

Ο ρόλος του Θεού

Ας ξεκαθαρίσουμε ότι αυτό το επιχειρηματικό σχέδιο είναι ιδέα του Θεού από την αρχή. Ναι, σε προσκάλεσε σε μια συνεργασία και έχεις γίνει συνεργάτης του Χριστού. Ωστόσο, η ιδέα ήταν δική Του. Το μήνυμα είναι δικό Του. Η δύναμη προέρχεται από Εκείνον. Εκείνος δίνει την αύξηση. Εκείνος προκαλεί την ωρίμανση των καρπών. Εκείνος ελέγχει για την αμαρτία. Εκείνος σώζει την ψυχή. Εκείνος οικοδομεί την εκκλησία Του.

Εκείνος προωθεί τη βασιλεία Του. Εκείνος γράφει τα ονόματα των ανθρώπων στο Βιβλίο της Ζωής, όταν μετανοούν. Εκείνος σηκώνει όλα τα φορτία. Το βάρος της επιχείρησης της μνας πέφτει στους ώμους Του. Η σωτηρία ανήκει στον Θεό. Επομένως, αν προσπαθήσεις να κάνεις τη δουλειά του Θεού, θα απογοητευτείς και θα αποτύχεις.

Ο ρόλος σου

Είμαστε συνεργάτες με τον Θεό και, παρόλο που ο ρόλος μας είναι «μικρός», είναι όμως κρίσιμος. Ψάχνοντας μέσα στις Γραφές, ανακαλύπτω ότι ο ρόλος μας σε αυτή την επιχείρηση της μνας μοιάζει πολύ με τη δουλειά του σπορέα: Να φυτεύουμε και να ποτίζουμε το Ευαγγέλιο. Και μερικές φορές, ο Θεός μας επιτρέπει ακόμη και να Τον συνοδεύσουμε στη συγκομιδή.

> Εγώ φύτεψα, ο Απολλώς πότισε, αλλά ο Θεός αύξησε. Ώστε, ούτε αυτός που φυτεύει είναι κάτι ούτε αυτός που ποτίζει, αλλά ο Θεός που αυξάνει. Αυτός, μάλιστα, που φυτεύει, κι αυτός που ποτίζει είναι το ίδιο· και κάθε ένας θα πάρει τον δικό του μισθό, σύμφωνα με τον κόπο του. Επειδή, είμαστε συνεργοί τού Θεού· εσείς είστε χωράφι τού Θεού, οικοδομή τού Θεού. (Α΄ Κορ. 3:6–9)

Εκείνος μας στέλνει στις οδούς και τους παράδρομους, για να τους αναγκάσουμε να έρθουν. Μείνε πιστός στη δουλειά σου και θα είσαι *πιστός υπηρέτης*. Όχι μόνο αυτό, αλλά θα νιώσεις την έγκριση του Θεού στη ζωή σου, θα νιώσεις χρήσιμος, θα έχεις έναν σκοπό στη ζωή σου και θα έχεις κάτι για να ζήσεις. Όταν το βάρος των αποτελεσμάτων φύγει από τους ώμους σου και *πέσει* στους ώμους του Θεού, θα αρχίσεις να απολαμβάνεις την επιχείρηση μνα περισσότερο από ποτέ.

Ο ρόλος του αμαρτωλού

Μπορείς να βασιστείς στον Θεό ότι θα κάνει τη δουλειά Του και ο Θεός εμπιστεύεται εσένα ότι θα κάνεις τη δουλειά σου. Ωστόσο, οι αμαρτωλοί πρέπει να κάνουν και αυτοί την κίνησή τους. Πρέπει να επικαλεστούν το όνομα του Κυρίου. Πρέπει να αναγνωρίσουν ότι έχουν προσβάλει τον Θεό και να μετανοήσουν. Τότε, οι αμαρτίες τους θα καθαριστούν και η ενοχή τους θα αρθεί. Αλλά είναι επιλογή τους. Ο Θεός *επιλέγει* να μην το κάνει αυτό γι' αυτούς. Εσύ δεν μπορείς να το κάνεις αυτό για αυτούς. Ο ρόλος τους είναι να μετανοήσουν και να πιστέψουν.

Καταλαβαίνεις τώρα ότι η αποστολή σου στη ζωή είναι να ασχοληθείς με την επιχείρηση της μνας. Γιατί αυτό είναι τόσο σημαντικό; Ένας λόγος είναι από αγάπη για τους πολίτες.

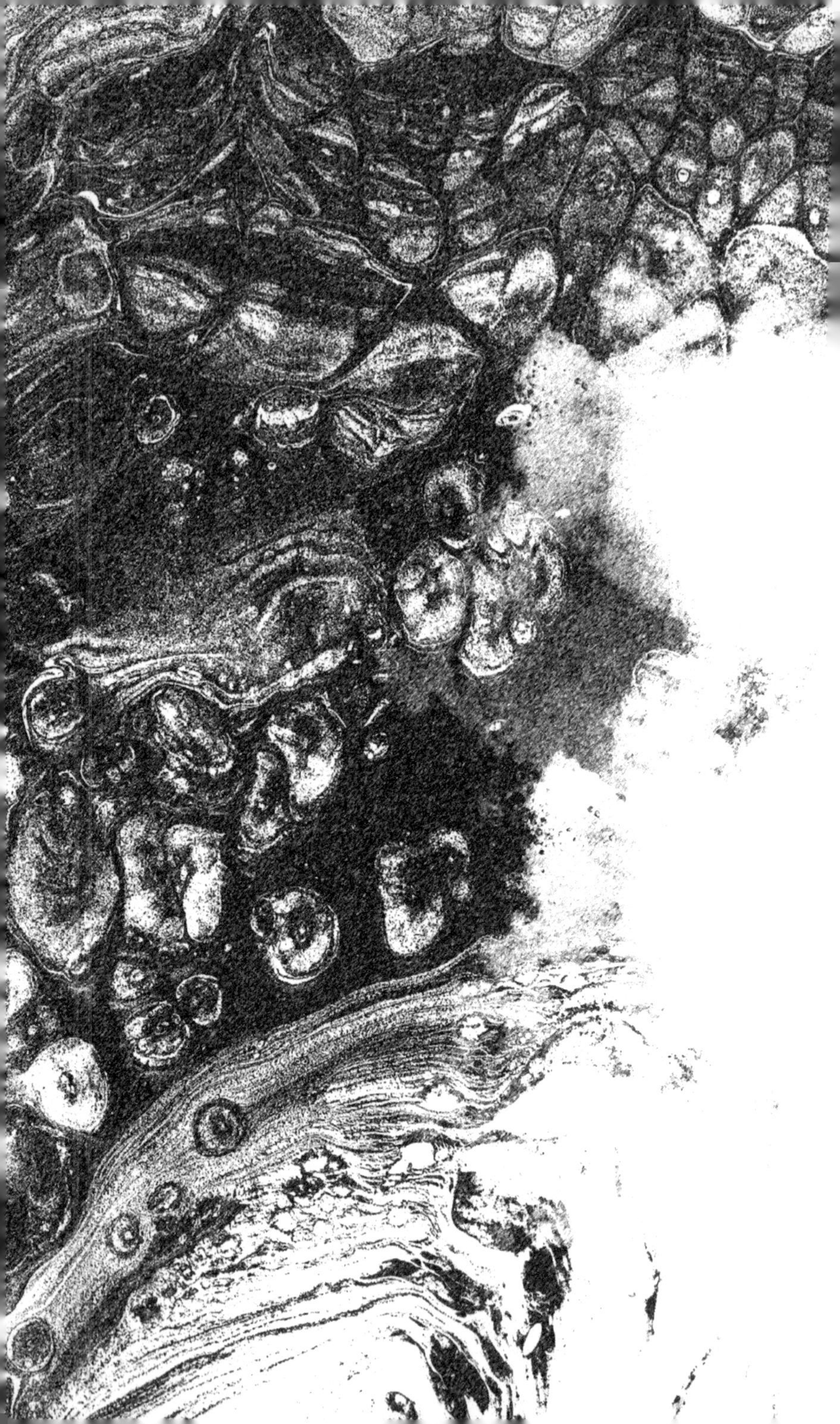

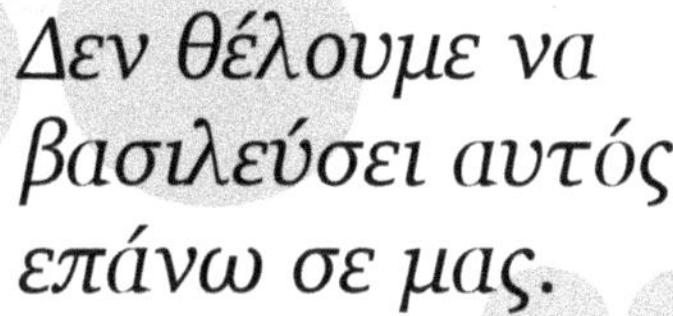

(εδ. 14)

ΚΕΦΑΛΑΙΟ 7

ΟΙ ΠΟΛΙΤΕΣ

Ποιοι είναι οι πολίτες; Όλοι όσοι δεν είναι δούλοι του Χριστού

Ο Ιησούς αναφέρεται στους πολίτες ως εχθρούς Του, επαναστάτες στο δικό Του βασίλειο. Δεν ήθελαν ο Ιησούς να βασιλεύσει πάνω τους. Δεν ήταν πρόθυμοι να γίνει Κύριός τους, να κατευθύνει και να καθοδηγήσει τη ζωή τους. Ήθελαν να κάνουν τα πράγματα με τον δικό τους τρόπο και δεν ήθελαν κανείς να τους πει τι να κάνουν. Η φιλοσοφία στη ζωή τους ήταν: «Θα κάνω ό,τι θέλω, με όποιον θέλω και όταν το θέλω».

Είναι επαναστάτες, επειδή γεννήθηκαν έτσι. Το προπατορικό αμάρτημα βρίσκεται στο ανθρώπινο

DNA τους. Οι πέτρινες καρδιές τους δεν μπορούν να υποταχθούν στον Θεό. Δεν είναι τόσο η άγνοια ή η έλλειψη γνώσης που τους εμποδίζει να υποταχθούν στο θέλημα του Θεού, αλλά απλώς μια σκληρή καρδιά.

Οι περισσότεροι από τους φίλους και την οικογένειά σου, που δεν έχουν γονατίσει στην Κυριότητα του Ιησού, είναι πολίτες επειδή επιλέγουν να είναι. Αρνούνται να πουν: «Όχι το δικό μου θέλημα, αλλά το δικό σου να γίνει». Ω, πόσο πεισματάρικη και επαναστατική είναι μια διεφθαρμένη θέληση!

Οι πολίτες θέλουν το ανήθικο σεξ, τα χρήματά τους, την ψυχαγωγία τους, τις καλύτερες δουλειές τους, τη δημοτικότητά τους, τη θρησκεία τους και τον τρόπο τους. Δεν θέλουν τον τρόπο του Θεού.

Στην εκκλησία σου, υπάρχουν τόσο υπηρέτες όσο και πολίτες. Μην ξεγελιέσαι – ακόμα κι αν *αυτοί* μπορεί να ξεγελιούνται. Οι πολίτες σπεύδουν να είναι θρησκευόμενοι, να λένε μια προσευχή, να εμφανίζονται στην εκκλησία, να τραγουδούν ύμνους, να δίνουν χρήματα στην προσφορά και να έχουν τον Θεό στο στόμα τους. Και όμως, οι καρδιές τους είναι μακριά Του. Μπορεί να πιστεύουν στον Θεό, αλλά δεν τρέμουν, παρόλο που και οι δαίμονες το κάνουν.

Ο Θεός σε έστειλε να εργαστείς με τη μνα για χάρη των πολιτών. Θέλει να χρησιμοποιήσεις όλα τα ταλέντα που σου έχουν ανατεθεί με την ελπίδα να μεταστρέψεις κάποιους από το σκοτάδι στο φως.

Το να γνωρίζεις τι υπέφερε ο Ιησούς στον Σταυρό για χάρη τους θα πρέπει να είναι αρκετό κίνητρο για να εργαστείς ανάμεσά τους.

Επίσης, το να γνωρίζεις τι θα συμβεί στους πολίτες την Ημέρα της Κρίσης θα πρέπει να σε παρακινήσει να εργαστείς μαζί τους! (Βλέπε Λουκάς 19:27)

Το ιστορικό μέρος της παραβολής έχει πλέον τελειώσει. Θα προχωρήσουμε τώρα στο μέλλον, όταν ο Ευγενής επιστρέψει με δύναμη και δόξα.

ΚΕΦΑΛΑΙΟ 8

Ο ΙΗΣΟΥΣ ΕΠΙΣΤΡΕΦΕΙ

Ο Ευγενής επέστρεψε!

Θα στείλει τους αγγέλους Του με μια δυνατή σάλπιγγα και θα συγκεντρώσουν τους εκλεκτούς Του από τους τέσσερις ανέμους – από τη μια άκρη του ουρανού στην άλλη. Το Ευαγγέλιο έχει φτάσει στα πέρατα της γης, ο αριθμός των εθνικών έχει ολοκληρωθεί και οι εκλεκτοί έχουν σωθεί. Ο Ευγενής έλαβε τελικά τη βασιλεία Του και ο Πατέρας σηκώθηκε και έκλεισε την πόρτα του ελέους και της σωτηρίας.

Η ζωή όπως την ξέρουμε θα τελειώσει. Ο ουρανός και η γη καίγονται. Η επιχείρησή μας με τη μνα θα φτάσει στο τέλος της. Ο αιώνιος προορισμός σου θα έχει ήδη καθοριστεί. Τίποτα από αυτά που είναι σημαντικά για σένα σήμερα δεν θα έχει σημασία εκείνη την ημέρα, εκτός από αυτά που έκανες γι' Αυτόν.

Είναι σε αυτό το σημείο της παραβολής που βρίσκεις τον εαυτό σου. Είμαστε όλοι εκεί. Στεκόμαστε μπροστά στον Ευγενή, τον Ιησού, δίνοντας απολογισμό. Όλοι έχουμε προειδοποιηθεί ότι αυτό θα συμβεί. Όλοι ξέραμε ποια ήταν η δουλειά μας. Ο Ιησούς μίλησε γι' αυτήν την ημέρα σε τόσες πολλές από τις διδασκαλίες Του. Αυτή η αλήθεια δεν πρέπει να αποτελεί έκπληξη.

Για τον γνήσιο υπηρέτη του Χριστού, δεν υπάρχει φόβος να ριχτεί στο εξώτερο σκοτάδι. Η σωτηρία δεν κερδήθηκε. Δεν εργαστήκαμε γι' αυτή. Δεν είναι από τον εαυτό μας, αλλά μάλλον ένα δώρο από τον Θεό. Ωστόσο, η ανταμοιβή και η θέση μας στον Ουρανό βασίζονται στο έργο μας με τη μνα. Όσο περισσότερο πραγματεύτηκες με τη μνα, τόσο περισσότερη ανταμοιβή θα λάβεις.

Τώρα, ήρθε η ώρα να εμφανιστούμε ενώπιον του Ευγενή και να δώσουμε μια περιγραφή για το πώς χρησιμοποιήσαμε τη μνα Του.

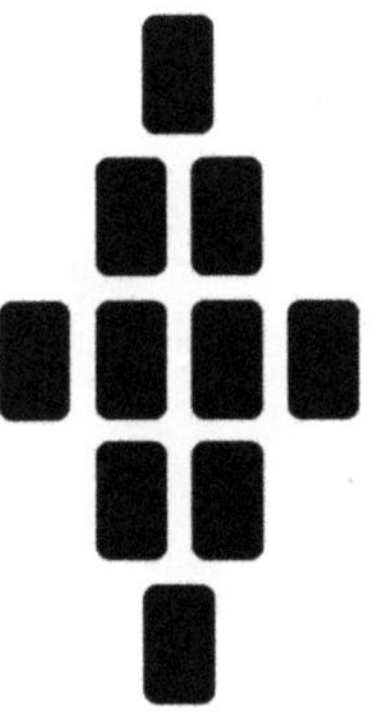

Και ήρθε ο πρώτος,
λέγοντας:
Κύριε, η μνα σου
κέρδισε δέκα μνες.
(εδ. 16)

ΚΕΦΑΛΑΙΟ 9

Ο ΠΡΩΤΟΣ ΔΟΥΛΟΣ

Λοιπόν, αυτή είναι η στιγμή της αλήθειας! Όλη η ζωή σου κορυφώνεται σε αυτή τη στιγμή. Τώρα καταλαβαίνεις τι εννοούσε ο Ιησούς, όταν σου είπε να αποθηκεύσεις τους θησαυρούς σου στον ουρανό και όχι στη γη. Τώρα βγάζει νόημα γιατί έπρεπε να βάλουμε το μυαλό μας στα επουράνια και όχι σε πράγματα του κόσμου. Επίσης, ό,τι κάνουμε, το κάνουμε γι' Αυτόν και όχι για τους ανθρώπους, γνωρίζοντας ότι θα λάβουμε μια κληρονομιά ως ανταμοιβή μας, επειδή έχουμε υπηρετήσει τον Χριστό.

Εδώ, ο Θεός δεν θα σε ρωτήσει σε ποια εκκλησία ή θρησκεία ανήκεις. Δεν θα έχει σημασία αν είσαι Αρμινιανιστής ή Καλβινιστής, αν προτιμάς να λατρεύεις τον Θεό χειροκροτώντας και σηκώνοντας τα χέρια σου ή γονατίζοντας σιωπηλά μπροστά Του. Αυτό που θα έχει σημασία είναι πόσες μνες έχεις να δώσεις πίσω στον Θεό εκείνη την ημέρα.

Προσέξτε τα λόγια του υπηρέτη: «Κύριε, η μνα Σου

έκανε δέκα μνες» (η έμφαση προστέθηκε από μένα). Αυτή είναι μια απόδοση 1.000%! Ο υπηρέτης είχε πλήρη επίγνωση ποιανού τη μνα κρατούσε. Είναι η μνα του Κυρίου, όχι του υπηρέτη. Ο πρώτος υπηρέτης ήταν επιστάτης και διαχειριστής, **αλλά ο ευγενής έκανε την αρχική επένδυση.** Η δύναμη του πολλαπλασιασμού βρίσκεται μέσα στη μνα. Η μνα παράγει τη μνα. Η μνα πολλαπλασιάζεται. Δεν μπορείς ποτέ να ξεμείνεις.

Ίσως ο πρώτος υπηρέτης να μην ήξερε πόσα παρήγαγε η μνα του Κυρίου μέχρι να επιστρέψει ο ευγενής. Ο πρώτος υπηρέτης έκανε τη δουλειά. Ο θησαυρός επενδύθηκε με σύνεση και τα αποτελέσματα του έργου του δεν υπολογίστηκαν παρά εκείνη την ημέρα.

Παρατήρησε πώς απαντά ο Κύριος: «Εύγε, δούλε αγαθέ!»

Ευλογημένος είσαι ανάμεσα στους γιους των ανθρώπων, κύριε Πρώτε Υπηρέτη. Ακούσατε τι είπε ο Κύριος; Παρατηρήσατε το θαυμαστικό στο τέλος του «Εύγε, δούλε αγαθέ!»; (Δεν θα ήταν αυτό αρκετή ανταμοιβή;)

Τα λόγια επιβεβαίωσης του Ιησού, τα «Εύγε», προορίζονται για εκείνους που έκαναν τη δουλειά τους και παρουσιάζουν τη μνα πολλαπλασιασμένη. Το να παρευρίσκεσαι στην εκκλησία, να έχεις προσωπικό χρόνο με τον Θεό και να είσαι καλός γείτονας είναι απαραίτητα. Παρ' όλα αυτά, αν θέλεις να ακούσεις «Εύγε», πρέπει να φτάσεις με κάτι περισσότερο από τη μία μνα που σου δόθηκε. Είθε να είναι ο στόχος σου να ακούσεις αυτά τα μνημειώδη λόγια όταν δεις τον Ιησού πρόσωπο με πρόσωπο.

Η ιστορία συνεχίζει: «Επειδή υπήρξες πιστός στα λίγα...». Ο πρώτος υπηρέτης επαινέθηκε για την πιστότητά του, όχι για τον αριθμό των μνων που έδωσε πίσω στον Ιησού. Ο Ιησούς ζητά λίγα από εμάς. Μόνο λίγα. Απλά δώσε μια ασημένια ράβδο. Δεν είναι τόσο δύσκολο. Αν κάποιος δεν τη θέλει, πρόσφερέ την σε κάποιον άλλο. Ο Θεός δεν σου ζητά να κάνεις τη δουλειά Του. Απλώς μετάδωσε το μήνυμα. Σε αυτόν που είναι πιστός στα λίγα θα του δοθούν πολλά.

Τότε ο ευγενής λέει: «Θα έχεις εξουσία πάνω σε δέκα πόλεις».

Ο πρώτος υπηρέτης παρουσιάζει δέκα μνες και βασιλεύει με τον Ιησού πάνω σε δέκα πόλεις. Όσο περισσότερο εργάζεσαι τώρα, τόσο περισσότερα θα λάβεις εκείνη την ημέρα. Όσο περισσότερα παρουσιάζεις στον Ιησού εκείνη την ημέρα, τόσο περισσότερα θα σου δώσει σε αντάλλαγμα. Ο Ιησούς πληρώνει πολύ υψηλούς τόκους για τα «λίγα» που έχουμε κάνει.

Η πιστότητά σου στην επιχείρηση της μνας τώρα θα σου δώσει εξουσία στον Ουρανό και θα σου δώσει το προνόμιο να βασιλεύσεις μαζί Του. Δεν ξέρω τι σημαίνουν όλα αυτά, αλλά ακόμα κι αν αυτή η αλήθεια καλύπτεται από κάποιο μυστήριο, εξακολουθεί να ακούγεται καλή!

Σε αυτόν τον κόσμο, πιθανότατα θα δεις μικρή

ανταμοιβή για την εργασία σου. Η χάρη του Θεού μας επιτρέπει μόνο να πάρουμε μια μικρή γεύση σε κάποια αποτελέσματα στη γη. Αυτό συμβαίνει γιατί μόνο λίγα «εγώ» θα μπορούσαν να χειριστούν μια μεγάλη ορατή επιτυχία. Στην επιχείρηση της μνας σου θα δεις μόνο ένα μικρό ποσοστό του καλού που κάνεις. Οι αιώνιοι θησαυροί σου θα παραμείνουν αόρατοι, όσο βρίσκεσαι στη γη. Επομένως, ας συνεχίσουμε να εργαζόμαστε και ας προσδοκούμε εκείνη την τελευταία ημέρα που θα λάβουμε την ανταμοιβή μας.

Είναι ενδιαφέρον να σημειωθεί ότι κανένας δούλος δεν θα λάβει την ίδια ανταμοιβή με κάποιον άλλο. Κάποιοι μπορεί να είχαν περισσότερα ταλέντα ή θα μπορούσαν να είχαν δουλέψει σκληρότερα. Αυτό που φαίνεται σαφές είναι ότι καθορίζουμε στο εδώ και τώρα το ποσό της ανταμοιβής που θα λάβουμε εκείνη την ημέρα.

Ο δεύτερος υπηρέτης μπαίνει τώρα στο δωμάτιο.

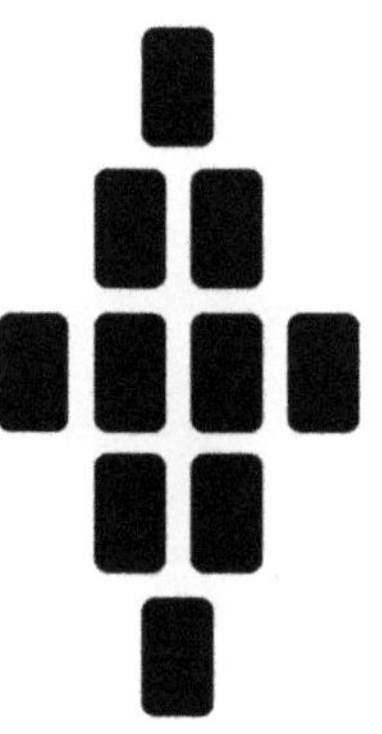

> *Κύριε, η μνα σου
> έκανε πέντε μνες*
>
> (εδ. 18)

ΚΕΦΑΛΑΙΟ 10

Ο ΔΕΥΤΕΡΟΣ ΔΟΥΛΟΣ

«Ο επόμενος! Το όνομά σου παρακαλώ;»

«Είμαι ο δεύτερος δούλος».

«Εντάξει. Τι έχεις για μένα σήμερα;»

«Κύριε, η μνα σου έφτιαξε πέντε μνες». (Αυτή είναι μια αύξηση 500%!)

Θα υπάρξει μια μέρα που θα σταθούμε μπροστά στον Ιησού ο καθένας ξεχωριστά.

Παρόλο που η ιστορία δεν καταγράφει ότι ο δεύτερος υπηρέτης άκουσε, «Εύγε», πήρε πέντε πόλεις που επέστρεψε πέντε μνες, οπότε μπορούμε να υποθέσουμε ότι ο ευγενής ήταν ευχαριστημένος. Ο δεύτερος υπηρέτης δεν συγκρίθηκε με τον πρώτο. Είτε παρουσιάσεις πολλές μνες, είτε μόνο λίγες στον Ευγενή, η πιστότητά σου στη δουλειά σου είναι αυτό που Εκείνος ανταμείβει.

Δεν έχουν όλοι οι πιστοί υπηρέτες την ίδια επιτυχία. Πολλοί στην Αγία Γραφή δεν είχαν πολλούς ορατούς προσήλυτους, αλλά θεωρούνταν πιστοί.

Ο Θεός είπε στον Ιερεμία: «Γι' αυτό, θα τους μιλήσεις όλα αυτά τα λόγια, και δεν θα σε ακούσουν· και θα φωνάξεις προς αυτούς, αλλά δεν θα σου απαντήσουν» (Ιερ. 7:27). Είχε την καρδιά του Θεού και το Μήνυμα από τον Θεό. Ωστόσο, έκλαψε στο μεγαλύτερο μέρος της διακονίας του, καθώς οι άνθρωποι δεν στρέφονταν στον Κύριο. Ωστόσο, ο Ιερεμίας ήταν πιστός υπηρέτης.

Ο Νώε ήταν κήρυκας δικαιοσύνης, και όμως ειπώθηκε για τη γενιά του: «Και ο Κύριος είδε ότι η κακία τού ανθρώπου πληθυνόταν επάνω στη γη, και όλοι οι σκοποί των διαλογισμών της καρδιάς του ήσαν μόνον κακία όλες τις ημέρες» (Γεν. 6:5). Τα εδάφια 11 και 12 λένε, «Και η γη διαφθάρηκε μπροστά στον Θεό, και η γη γέμισε ολοκληρωτικά από αδικία. Και ο Θεός είδε τη γη, και να, ήταν διεφθαρμένη· επειδή, κάθε σάρκα είχε διαφθείρει τον δρόμο της επάνω στη γη». Ωστόσο, «ο Νώε, όμως, βρήκε χάρη μπροστά στον Κύριο» (εδάφιο 8).

Ο Θεός έσωσε από το θάνατο μόνο οκτώ ανθρώπους από ολόκληρο τον κόσμο. Κανείς άλλος δεν ανταποκρίθηκε στην προειδοποίηση του Νώε. Ωστόσο, ο Νώε θεωρήθηκε πιστός.

Ο Ιησούς κήρυττε για πάνω από τρία χρόνια, και μόνο λίγοι ήταν εκεί για να Τον αποχαιρετήσουν κατά την ανάληψή Του. Κι όμως ήταν πιστός.

Μπορείς να είσαι σίγουρος ότι η πίστη σου και η

εργασία σου με τη μνα θα έχουν ανταμοιβή. Μπορείς να εμπιστευτείς στη γενναιοδωρία του Ιησού.

Σε αυτές τις δύο πρώτες αφηγήσεις, όλα είναι υπέροχα καθώς βλέπουμε ανταμοιβές να δίνονται σε πιστούς υπηρέτες. Ωστόσο, δεν συμβαίνει το ίδιο με τον επόμενο υπηρέτη.

(εδ. 20-21)

ΚΕΦΑΛΑΙΟ 11

Ο ΤΡΙΤΟΣ ΔΟΥΛΟΣ

Ο Ιησούς ξοδεύει πολύ χρόνο στον τρίτο υπηρέτη. Η αλληλεπίδραση του ευγενή με τους δύο πρώτους υπηρέτες αναφέρεται σε δύο μόνο εδάφια για τον καθένα. Αυτός ο τρίτος, ωστόσο, παίρνει έξι.

Γιατί αφιερώνεται τόσος πολύς χρόνος σε έναν πονηρό, άχαρο υπηρέτη;

Μήπως επειδή εκεί βρίσκεται σήμερα μεγάλο μέρος της κατ' όνομα Εκκλησίας;

Σύμφωνα με στατιστικά στοιχεία, ο Χριστιανισμός είναι η μεγαλύτερη θρησκεία στον κόσμο, με τους πιστούς να υπολογίζονται σε 2,5 δισεκατομμύρια ανθρώπους. Αυτό αντιπροσωπεύει περίπου το ένα τρίτο του παγκόσμιου πληθυσμού. Αν ήταν όλοι πιστοί υπηρέτες, τότε στατιστικά, θα έπρεπε να μοιραστούμε το Ευαγγέλιο με περίπου δύο μόνο άλλους ανθρώπους ο καθένας. Η δουλειά μας θα γινόταν!

Πάρα πολλοί κατ' όνομα Χριστιανοί είναι άπιστοι δούλοι. Παραμελούν ή αγνοούν αυτό που τους έχει ειπωθεί να κάνουν. Το περπάτημα στο φαρδύ μονοπάτι φαίνεται ευκολότερο και περιλαμβάνει λιγότερες θυσίες. Ούτε οι πολίτες, ούτε ο άπιστος υπηρέτης προσπάθησαν να μπουν στη στενή πύλη. Ω, μακάρι να το είχαν κάνει!

Ας μιλήσουμε λοιπόν γι' αυτή τη μαζική ομάδα των κατ' όνομα Χριστιανών.

Αλίμονο σε εσένα που λες ότι είσαι Χριστιανός αλλά δεν υπακούς στον Κύριό σου! Σου προσφέρθηκε η μνα πολλές φορές, αλλά ποτέ δεν την πήρες και δεν την εφάρμοσες στον εαυτό σου. Ήσουν τόσο κοντά στη σωτηρία, αλλά επέλεξες να μην τη λάβεις. Το μυαλό σου ήξερε το μήνυμα, αλλά το απέρριψες. Αυτό που έκανε ο Χριστός για σένα στο σταυρό δεν σε συντάραξε ώστε να απομακρυνθείς από τις αμαρτίες σου; Οι προειδοποιήσεις μιας κόλασης που καίγεται με φωτιά και θειάφι, δεν χτύπησαν το φόβο του Θεού μέσα σου και δεν σε ταρακούνησαν μέχρι το μεδούλι; Στ' αλήθεια νόμιζες ότι θα μπορούσες να κάνεις πολλά στο όνομά Του και παράλληλα να συνεχίζεις να αμαρτάνεις, και περίμενες ότι η πόρτα του Ουρανού θα ήταν ανοιχτή για σένα;

«Κύριε, Κύριε, άνοιξέ μας!»

Κύριε; Τότε θα τον αποκαλέσεις Κύριο; Ο Θεός δεν θα σε αναγνωρίσει, όπως δεν Τον αναγνώρισες. Αλίμονο σε σένα κατ᾽ όνομα Χριστιανέ, όταν ακούς Εκείνον που επιθυμούσε να είναι ο Σωτήρας σου να σου λέει τα φοβερά λόγια, «Φύγε από μένα». Ο Αμνός του Θεού θα μπορούσε να είχε σηκώσει τις αμαρτίες σου, αλλά δεν το ήθελες. Εξαιτίας των επιλογών σου, η οργή του Αρνίου σε στέλνει στο εξώτερο σκοτάδι, όπου θα υπάρχει κλάμα και τρίξιμο των δοντιών. Θα δεις τους πιστούς υπηρέτες να εισέρχονται στον Ουρανό μαζί με τον Αβραάμ, τον Ισαάκ και τον Ιακώβ, αλλά εσύ θα αποκλειστείς.

Ας επιστρέψουμε στην ιστορία.

Όταν ο ευγενής τον κάλεσε, ο τρίτος υπηρέτης απάντησε: «Κύριε, εδώ είναι η μνα σου». (Αυτό είναι κέρδος 0%!)

Τι; Δίνεις τη μνα πίσω στον Ιησού; Αυτό είναι το μόνο μήνυμα που θα μπορούσε να σώσει την ψυχή σου, και το τύλιξες και το ξέχασες;

«Εκπλαγείτε ουρανοί, για το πράγμα αυτό, και φρίξτε, συνταραχθείτε υπερβολικά, λέει ο Κύριος» [18]. Απέρριψες το δώρο του Θεού και Τον πρόσβαλες προσπαθώντας να δώσεις πίσω το Ευαγγέλιο;

«Στοχάζεστε πόσο χειρότερης τιμωρίας θα κριθεί

---

18   Βλέπε Ιερεμίας 2:12

άξιος αυτός που καταπάτησε τον Υιό τού Θεού, και νόμισε κοινό το αίμα τής διαθήκης με το οποίο αγιάστηκε, και έβρισε το πνεύμα τής χάρης;» (Εβρ. 10:29).

Οι δικαιολογίες που κάποτε καθησύχασαν τη συνείδηση του τρίτου υπηρέτη δεν τον ωφελούν την ημέρα της κρίσης του. Έκρυψε τη μνα με την σαθρή δικαιολογία ότι φοβόταν. Αυτός ο υπηρέτης δεν ήταν δειλός. Ήταν τεμπέλης και κακός. Η αδράνεια και η τεμπελιά ήταν οι δικαιολογίες του. Αν είχε αρκετή ενέργεια για να τυλίξει τη μνα σε ένα μαντήλι, να την κρύψει και να κάνει τις εγκόσμιες δουλειές του, σίγουρα θα μπορούσε να είχε κάνει κάτι, για να ασχοληθεί με το Ευαγγέλιο. Ωστόσο, είπε ότι φοβόταν. Αν είχε φόβο Θεού, τότε γιατί δεν επένδυσε τη μνα;

Ο τρίτος υπηρέτης είπε ότι φοβόταν και κατηγόρησε τον ευγενή ότι ήταν αυστηρός επειδή θερίζει εκεί που δεν έσπειρε.

Είναι ενδιαφέρον ότι ο Ιησούς δεν διόρθωσε αυτή την εκτίμηση. «Ήξερες ότι ήμουν αυστηρός άνθρωπος...» Αρκεί να διαβάσουμε το τελευταίο εδάφια της παραβολής και μπορούμε να συμφωνήσουμε ότι ο Θεός είναι αυστηρός, όταν σφάζει τους εχθρούς Του. Προσέξτε λοιπόν την καλοσύνη και την αυστηρότητα του Θεού: Αυστηρότητα προς εκείνους που έχουν πέσει, αλλά καλοσύνη προς τους υπηρέτες Του, υπό την προϋπόθεση ότι συνεχίζουν να Τον υπακούν. Διαφορετικά, και αυτοί θα αποκοπούν[19]. Αν δυσκολεύεσαι να πιστέψεις ότι ο Θεός είναι αυστηρός, απλώς κοίταξε τον σταυρό και δες την αυστηρότητα του Θεού που εκχέεται στον Υιό Του. Ο Θεός είναι αυστηρός και αγαθός. Επιλέγεις τώρα, πώς θέλεις να είναι Εκείνος απέναντί σου στο τέλος.

Ο τρίτος υπηρέτης κατηγορεί τον Θεό ότι θερίζει εκεί που δεν έσπειρε. Με άλλα λόγια, ότι ο Θεός κάνει ό,τι Του αρέσει.

Φυσικά, ο Θεός κάνει ό,τι Του αρέσει!

Άρεσε στον Πατέρα να στείλει τον Ιησού στη γη. Του άρεσε να Τον θυσιάσει και να Τον συντρίψει. Άρεσε στον Πατέρα που ο Ιησούς θα σήκωνε τις αμαρτίες και την ενοχή όλων των εχθρών Του. Άρεσε στον Πατέρα να πιει ο Υιός Του από το ποτήρι της οργής Του, ώστε να μην χρειαστεί να το κάνεις εσύ. Άρεσε στον Υιό να γευτεί το θάνατο για σένα, ώστε να μπορέσεις να ζήσεις. Άρεσε στον Υιό να πάρει τα κλειδιά του θανάτου και του άδη, ώστε να μπορείς να ζήσεις για πάντα.

Ναι! Ο Θεός κάνει ό,τι Του αρέσει. Και είμαι τόσο ευγνώμων που το κάνει!

---

19   Βλέπε Προς Ρωμαίους 11:22.

Από το στόμα σου θα σε κρίνω, δούλε πονηρέ· ήξερες ότι εγώ είμαι άνθρωπος αυστηρός, παίρνοντας ό,τι δεν έβαλα, και θερίζοντας ό,τι δεν έσπειρα· γιατί, λοιπόν, δεν έδωσες το ασήμι μου στην τράπεζα, ώστε εγώ μόλις ερχόμουν να το έπαιρνα μαζί με τον τόκο; ... Αφαιρέστε του τη μνα.

(εδ. 22-24)

ΚΕΦΑΛΑΙΟ 12

Ο ΤΡΙΤΟΣ ΔΟΥΛΟΣ (ΜΕΡΟΣ 2)

Ο ευγενής προφέρει την ετυμηγορία και ο τρίτος υπηρέτης ονομάζεται πονηρός. Στην Καινή Διαθήκη, η λέξη «πονηρός» μεταφράζεται επίσης ως κακός, κακόβουλος και ανήθικος[20]. Απέδειξε την πονηριά του αρνούμενος τις οδηγίες του κυρίου του. Αντί να χρησιμοποιήσει την ασημένια ράβδο του για να βγάλει κέρδος, η μνα που του είχε δοθεί βγήκε από την κυκλοφορία και κρύφτηκε σε ένα μαντήλι[21].

---

20   Biblehub.com/greek/Strongs 4190.htm

21   Joel B. Green, The Gospel of Luke: The New International Commentary on the New Testament (Wm B. Eerdmans Publishing Company; Γκραντ Ράπιντς, MI),

Δεν κατατέθηκε καν στην τράπεζα για να τοκιστεί. Ο τρίτος υπηρέτης δεν πίστευε στην αξία και τη δύναμη της μνας. Όταν η υπόθεση είναι τόσο επείγουσα και η εντολή τόσο σαφής, η σιωπή και η αδράνειά του είναι ασυγχώρητες[22].

Στον οικονομικό κόσμο, υπάρχουν δύο τρόποι για να κερδίσετε χρήματα: Ο ενεργός και ο παθητικός. «Το ενεργό εισόδημα ορίζεται ως οποιοδήποτε εισόδημα παράγεται απαιτώντας διαρκώς χρόνο και ενέργεια»[23]. Παραδείγματα είναι τα ωρομίσθια, οι μισθοί και οι προμήθειες πωλήσεων. Εάν δεν καταβάλλεις καμία προσπάθεια, δεν έχεις κανένα έσοδο. Σηκώνεις λοιπόν τα μανίκια σου, φοράς τις μπότες σου, λερώνεις τα χέρια σου και κάνεις τη δουλειά.

«Παθητικό εισόδημα είναι οποιαδήποτε χρήματα κερδίζονται με τρόπο που δεν απαιτεί πολύ προσπάθεια»[24]. Τέτοια παραδείγματα είναι οι τραπεζικοί τόκοι, οι μετοχές, τα ομόλογα και τα ενοικιαζόμενα ακίνητα. Κάνεις την αρχική επένδυση και στη συνέχεια τα χρήματά σου λειτουργούν για εσένα ενώ κάνεις κάτι άλλο ή ακόμα και όταν κοιμάσαι.

Το λιγότερο που θα μπορούσε να κάνει αυτός ο

---

22   Φρεντ Κράντοκ, Ερμηνεία: Ένα Βιβλικό Σχόλιο για Διδασκαλία και Κήρυγμα (Westminster John Knox Press; Louisville, KY, 1990).

23   https://www.financialsamurai.com/difference-between-active-incomeand-passive-income/

24   https://corporatefinanceinstitute.com/resources/accounting/passiveincome/

υπηρέτης ήταν να καταθέσει την ασημένια ράβδο στην τράπεζα και να της επιτρέψει να κερδίσει τόκους. Αφού το έκανε αυτό, την ημέρα τους απολογισμού, δε θα εμφανιζόταν ενώπιον του κυρίου με άδεια χέρια. Η προσδοκία, βέβαια, του ευγενή ήταν ο υπηρέτης να πολλαπλασιάσει τη μνα. Αυτό απαιτεί ενεργή επένδυση του χρόνου και της ενέργειας του υπηρέτη. Όταν πρόκειται να εργαστούμε με το Ευαγγέλιο, όσο πιο δραστήριοι είμαστε σε αυτό το έργο, τόσο πιο ευχαριστημένος θα είναι ο Δάσκαλος με τα αποτελέσματα. Κάποιοι μπορούν να κάνουν περισσότερα και άλλοι λιγότερα, αλλά κάνε κάτι! Ο Ιησούς σε έχει καλέσει να βάλεις τη μνα να δουλέψει. Στον τρίτο υπηρέτη ανατέθηκε το καθήκον να επενδύσει τη μνα με κάποιο τρόπο. Ωστόσο, επέλεξε να υποκύψει στο φόβο, την τεμπελιά ή οτιδήποτε τον έκανε να κρύψει τη μνα σε ένα μαντήλι.

Φυσικά, είναι αυτονόητο ότι αυτό δεν έκανε τον ευγενή χαρούμενο!

«Αφαιρέστε του τη μνα...»

Θα ήταν πολύ φρικτό να ακούσουμε αυτή τη φράση. Η σωτηρία είναι στα χέρια σου και σου την αφαιρούν εξαιτίας της αμέλειας, της απιστίας και της τεμπελιάς. Οι θρησκευόμενοι, ψεύτικοι και άπιστοι υπηρέτες, που έκρυψαν τη μνα, θα ανακαλύψουν στο τέλος ότι θα ήταν καλύτερα αν δεν είχαν γεννηθεί ποτέ. Δεν νομίζω ότι ο υπηρέτης είχε καταλάβει τι κατείχε!

Ο ευγενής θα καταδικάσει τώρα τον τρίτο υπηρέτη από τα ίδια του τα λόγια. Ο άπιστος υπηρέτης δεν χάνεται την τελευταία ημέρα λόγω έλλειψης γνώσης. «Ήξερες ότι εγώ είμαι άνθρωπος αυστηρός...» Ο κακός υπηρέτης από επιλογή διάλεξε την αυστηρότητα του Θεού και δεν του επιτρέπεται καν να επιστρέψει τη μνα. Ο ευγενής διέταξε να του αφαιρεθεί. Ο Ιησούς του *την αφαιρεί!* «Από εκείνον, όμως, που δεν έχει, και ό,τι έχει, θα αφαιρεθεί απ' αυτόν».

Δεν έχεις καμία ελπίδα, αν ο Θεός πάρει τη μνα ή το Μήνυμα του Ευαγγελίου από εσένα. Δεν πιστεύω ότι αυτός ο υπηρέτης «έχασε τη σωτηρία του». Η σωτηρία προσφέρθηκε σε αυτόν, όπως και στους άλλους υπηρέτες, αλλά ο πονηρός υπηρέτης επέλεξε να μην την εφαρμόσει στον εαυτό του και να μην κάνει τίποτα με αυτήν. Δεν την εκτιμούσε, ούτε πίστευε σε αυτή. Ως εκ τούτου, ο ευγενής την αφαίρεσε από αυτόν. Δεν ήταν πιστός, αναγεννημένος υπηρέτης. Αν ο τρίτος υπηρέτης ήταν γνήσιος υπηρέτης, θα ήταν σαν τον Ζακχαίο και θα έδειχνε κάποια ευγνωμοσύνη και καρπό μετάνοιας. Θα ήταν υπάκουος στον ευγενή.

«Ο Κύριος είναι ένας σκληρός αφέντης μόνο για τον αργόσχολο υπηρέτη και αυτό επειδή ο αργόσχολος υπηρέτης δεν έχει το έργο του Κυρίου του στην καρδιά του. Εκείνοι που κάνουν το συμφέρον του Κυρίου τους και δικό τους, διαπιστώνουν ότι το καθήκον τους γίνεται μια χαρούμενη υπηρεσία».[25]

Δεν πήγε καλά για τον τρίτο υπηρέτη. Τελικά, δεν ήταν σε καλύτερη θέση από τους πολίτες.

---

25 Norval Geldenhuys, *Commentary on the Gospel of Luke* (Wm B. Eerdmans Publishing Company, Grand Rapids, MI, 1960).

ΚΕΦΑΛΑΙΟ 13

ΣΦΑΞΤΕ ΤΟΥΣ ΜΠΡΟΣΤΑ ΜΟΥ

Ο Ιησούς ήξερε πάντα πώς θα τελείωνε η ιστορία. Εμείς όχι. Γι' αυτό, θεώρησε κατάλληλο να προειδοποιήσει τους υπηρέτες Του, μέσω αυτής της παραβολής για το τραγικό τέλος που θα είχαν οι εχθροί Του.

Ίσως προειδοποίησε τους ακροατές Του, για να αισθανθούν την επείγουσα ανάγκη στην καρδιά τους να ασχοληθούν με το έργο του Πατέρα τους. Όταν τους δίωκαν, τους απέρριπταν και τους φώναζαν, μπορούσαν να κοιτάξουν τους εχθρούς Του στα μάτια, γνωρίζοντας πολύ καλά το τέλος τους. Και τότε, με τη συμπόνια του Θεού να ξεχειλίζει μέσα από τους υπηρέτες Του, θα μπορούσαν να παροτρύνουν αυτούς τους εχθρούς να συμφιλιωθούν με τον Θεό.

> Θυμηθείτε, ο Θεός δεν θέλει να σφαγιαστεί κανένας.
> Ο Θεός αγάπησε τόσο πολύ τον κόσμο, ώστε όποιος πιστεύει, να μην σφαγιαστεί.
> Από την αρχή του χρόνου, ο Θεός επιθυμούσε να είναι ο Θεός μας και εμείς να είμαστε ο λαός Του.
> Θέλει μια σχέση, όχι μια σφαγή.

Η αποστολή της Παραβολής των Δέκα Μνων είναι οι υπηρέτες Του να διαδώσουν το Μήνυμα του Ευαγγελίου και να διεισδύσουν σε εχθρικό έδαφος.

Μου αρέσουν σχεδόν τα πάντα στην παραβολή της μνας. Με προκαλεί, μου δίνει σκοπό, ξεκαθαρίζει την αποστολή μου, με εμπνέει να είμαι πιστός υπηρέτης και μου δίνει ελπίδα να ακούσω την επιβεβαίωση «Εύγε». Ωστόσο, το εδάφιο 27 δεν είναι το αγαπημένο μου. Και είμαι βέβαιος ότι δεν ήταν ευχάριστο για τον Ιησού να το αποκαλύψει.

Είμαι πεπεισμένος γι' αυτό.

Είμαι πεπεισμένος επειδή η αλήθεια του εδαφίου 27 έκανε τον Ιησού να στρέψει αποφασιστικά το πρόσωπό Του προς την Ιερουσαλήμ και τελικά προς το σταυρό. «Έδωσα τον νώτο μου σ' αυτούς που μαστιγώνουν, και τις σιαγόνες μου σ' αυτούς που μαδούν· δεν έκρυψα το πρόσωπό μου από βρισιές και φτυσίματα. Επειδή, ο Κύριος ο Θεός θα με βοηθήσει· γι' αυτό, δεν ντράπηκα·

γι' αυτό, έβαλα το πρόσωπό μου σαν σκληρή πέτρα, και ξέρω ότι δεν θα ντροπιαστώ»[26].

Λόγω της αλήθειας του εδαφίου 27, ο Ιησούς έπεσε στο έδαφος ανάμεσα στα ελαιόδεντρα και ζήτησε από τον Πατέρα να πάρει το ποτήρι της οργής από αυτόν.

Είμαι βέβαιος γι' αυτό, επειδή ολόκληρο το σχέδιο της σωτηρίας εξαρτιόταν από το να ανέβει ο Ιησούς στο σταυρό και να σφαχτεί ο ίδιος για τους εχθρούς Του και για εκείνους που δεν ήθελαν να τους κυβερνήσει. Σφαγιάστηκε ώστε οι εχθροί Του να γίνουν υπηρέτες Του και να μην χρειαστεί να σφαγιαστούν.

«Φέρτε τους εδώ και κατασφάξτε τους μπροστά μου»

Τι τραγικό τέλος για τους πολίτες αυτού του κόσμου! Να πεταχτούν μακριά στο εξώτερο σκοτάδι, όπου υπάρχει το κλάμα και το τρίξιμο των δοντιών. Να δεθούν χειροπόδαρα και να ριχτούν στο καμίνι της φωτιάς, χωρίς Σωτήρα να τους σώσει. Να κατέβουν σε εκείνον τον τόπο μαζί με τον διάβολο και τους αγγέλους του για πάντα. Ω, τι φοβερό μέρος, όπου το σκουλήκι δεν πεθαίνει ποτέ και η φωτιά δεν σβήνει ποτέ!

Δεν προσποιούμαι ότι καταλαβαίνω τη δικαιοσύνη και την οργή του Θεού πάνω στην αμαρτία. Αλλά αρκεί μια ματιά στο σταυρό για να μου πει ότι αυτό είναι πραγματικό και πολύ σοβαρό. Αν εκεί, ανάμεσα

---

26 Ησαΐας 50:6–7 (NASB 1995)

στα ελαιόδεντρα, ο Ιησούς μπορούσε να πει, «Όχι το δικό μου θέλημα, αλλά το δικό σου να γίνει» όταν ο Πατέρας αρνήθηκε να αφαιρέσει το ποτήρι ... δεν θα μπορούσες να πεις και εσύ το ίδιο πράγμα, να πάρεις τη μνα, να την ξετυλίξεις από το μαντήλι, να ξεκινήσεις μια «επιχείρηση», να βγάλεις κέρδος και να διακηρύξεις το Μήνυμα, όπως σου είπε Εκείνος να κάνεις;

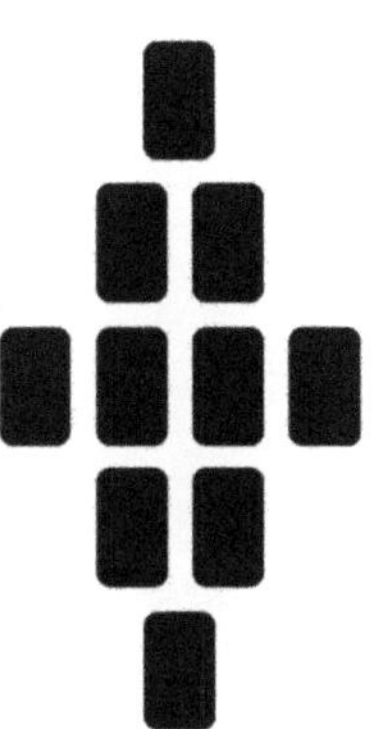

ΚΕΦΑΛΑΙΟ 14

ΠΟΙΟΣ ΕΙΣΑΙ ΕΣΥ;

Σε αυτή την παραβολή των δέκα μνων, βλέπουμε τρεις ομάδες ανθρώπων.

1. Τους πολίτες
2. Τους άπιστους υπηρέτες
3. Τους πιστούς υπηρέτες

Δεν υπάρχουν «ουδέτεροι» άνθρωποι σε αυτή την ιστορία. Ανήκεις σε μία από αυτές τις τρεις κατηγορίες. Ίσως πεις ότι δεν είναι αυτή η διακονία σου, ή ότι δεν θέλεις να συμμετέχεις, αλλά είσαι ήδη στο παιχνίδι. Με ποια ομάδα ταυτίζεσαι περισσότερο; Αυτό είναι ένα ερώτημα που αξίζει βαθύ προβληματισμό και ειλικρίνεια.

Είσαι πολίτης;

Μπορεί να πιστεύεις στον Θεό, αλλά να επιλέγεις να πράττεις την αμαρτία, αποδεικνύοντας την εχθρότητά σου με τον Θεό. Για να γίνει ένας πολίτης πιστός υπηρέτης, πρέπει να περάσει μέσα από την πόρτα της μετάνοιας, να εξομολογηθεί και να απομακρυνθεί από όλες τις γνωστές αμαρτίες, και να υποταχθεί στη διακυβέρνηση του Χριστού στη ζωή του. Ίσως είπες στο παρελθόν ότι δεν σε ενδιέφερε να αφήσεις τον Ιησού να σου λέει τι να κάνεις, αλλά τώρα, με πίστη, θέλεις να αλλάξεις γνώμη. Θέλεις να πεις: «Θεέ μου, όχι το θέλημά μου, αλλά το θέλημά Σου να γίνει στη ζωή μου». Μπορείς να ξεκινήσεις τη ζωή σου ως υπηρέτης με αυτή την καρδιά και στάση.

Είσαι άπιστος υπηρέτης;

Με το στόμα σου ομολογείς ότι είσαι Χριστιανός. Ωστόσο, με μια πρόχειρη παρατήρηση της ζωής σου, γρήγορα ανακαλύπτεις ότι δεν πραγματεύεσαι με τη μνα, δεν υπάρχει αγιότητα στην καρδιά και τη ζωή – πολλή υποκριτική υπηρεσία, αλλά κανένας καρπός του Πνεύματος. Κι εσύ, φίλε μου, μπορείς να κάνεις μια στροφή και να γίνεις πιστός υπηρέτης μετανοώντας και υποτάσσοντας τη ζωή και το θέλημά σου στον Χριστό. Ξεκινώντας αμέσως, μπορείς να γίνεις υπάκουος στην αποστολή σου στη ζωή: να εργαστείς και να βγάλεις κέρδος με τη μνα.

Είσαι πιστός υπηρέτης;

Έχεις την επιχείρησή Του σε λειτουργία. Ωστόσο, οι περισσότεροι πιστοί υπηρέτες θέλουν να αυξηθούν, να κάνουν περισσότερα, να γίνουν καλύτεροι, να είναι πιο σκόπιμοι και να προσπαθούν να διαδώσουν το Ευαγγέλιο με κάθε δυνατό τρόπο. Επιθυμείς με όλη σου την καρδιά να ακούσεις τα λόγια, «Εύγε!». Χρειάζεσαι μια προσευχή αφιέρωσης για την ενίσχυση της επιχείρησής σου.

Αν αυτό σου μιλάει, και επιθυμείς βαθιά να είσαι πιστός υπηρέτης, θέλω να μοιραστώ μαζί σου τέσσερα πράγματα που έχω μάθει στη διακονία, τα οποία θα χρησιμεύσουν ως θεμέλιο καθώς εργάζεσαι για τον Κύριο. Καθώς εφαρμόζεις αυτά τα τέσσερα πράγματα, θα έχεις επίσης την πεποίθηση ότι η δύναμη του Θεού θα εργάζεται μέσα από εσένα.

ΚΕΦΑΛΑΙΟ 15

ΑΠΑΡΑΙΤΗΤΑ ΕΡΓΑΛΕΙΑ

Κανένας δε θέλει να αισθάνεται αναποτελεσματικός. Αν είμαστε αληθινοί δούλοι, θέλουμε να είμαστε πιστοί, να ευαρεστούμε τον Θεό, να βλέπουμε αποτελέσματα και όχι να κυλούν απλώς οι μέρες μας.

Μετά από πολλά χρόνια διακονίας, έμαθα τέσσερα βασικά στοιχεία για την επιτυχία στην εργασία μου με τη μνα.

1. Κατανόησε το μήνυμα του Ευαγγελίου .

Ένα πολύ φρικτό πράγμα συνέβη. Καθώς διαβάζω βιβλία από τον δέκατο όγδοο και δέκατο ένατο αιώνα, βλέπω ένα μοτίβο σε κάθε γενιά: ο Σατανάς διεισδύει στην Εκκλησία και αποδυναμώνει το μήνυμα του Ευαγγελίου απογυμνώνοντάς το από τη δύναμή του. Η μείωση, η αλλοίωση ή η αλλαγή του μηνύματος που μας δόθηκε από τον Ιησού και τους αποστόλους φτύνει στο πρόσωπο του Πατέρα, του Δημιουργού της Σωτηρίας.

Ξέρω ότι θα σταθώ ενώπιον του Θεού, για να δώσω λόγο για το μήνυμά μου. Και το ίδιο θα κάνεις και εσύ. Αλίμονο σε όποιον το τροποποιεί! Να φοβάσαι και να τρέμεις, αν το αλλάξεις για να το κάνεις πιο εύπεπτο στους αμαρτωλούς.

Το μήνυμα του Ευαγγελίου έχει πολύ μεγάλη δύναμη και το να μάθεις να το μεταδίδεις είναι απαραίτητο, αν θέλεις να δεις τη δύναμη του Θεού να κινείται μέσα από εσένα.

Το Ευαγγέλιο είναι η δύναμη του Θεού για σωτηρία[27]. Κατανόησε τι περιέχει αυτό το μήνυμα. Εφάρμοσε το στη ζωή σου. Μελέτησέ το. Ζήσε το. Πήγαινε βαθιά με αυτό. Το Ευαγγέλιο είναι άπειρο. Δεν μπορείτε να φτάσεις στο τέλος του ύψους, του πλάτους, του μήκους ή του βάθους του[28].

Το μήνυμα του Ευαγγελίου χωρίζεται σε τέσσερις πυλώνες:

1.   **Το πρόβλημά μας.** Όλοι έχουμε αμαρτήσει παραβιάζοντας τις εντολές του Θεού.

2.   **Η συνέπεια.** Όλοι θα πεθάνουμε, θα κριθούμε από τον Θεό και ο αιώνιος προορισμός μας θα καθοριστεί - είτε ο Παράδεισος είτε η Κόλαση.

---

27   Προς Ρωμαίους 1:16

28   Διαβάστε τη Βίβλο για να καταλάβετε το Ευαγγέλιο. Διαβάστε το βιβλίο μου, Η δύναμη του Ευαγγελίου, για να πάρετε μια εις βάθος μελέτη του μηνύματος της μνας.

3.   **Η λύση.** Ο Ιησούς Χριστός πλήρωσε για τις αμαρτίες μας και μας πρόσφερε συγχώρεση, άφεση και σχέση μαζί Του.

4.   **Η ανταπόκρισή μας.** Όταν μετανοούμε και θέτουμε την πίστη μας στον Χριστό, ο οποίος τα πλήρωσε όλα, Εκείνος επιτελεί το έργο της σωτηρίας στη ζωή μας.

Το πρόβλημά μας

Όταν ο πλούσιος νεαρός άρχοντας ρώτησε τον Ιησού τι πρέπει να κάνει για να κληρονομήσει αιώνια ζωή, ο Ιησούς δεν του είπε να πει την «Προσευχή της Μετάνοιας» ή να Τον δεχτεί ως προσωπικό Κύριο και Σωτήρα Του. Αντ' αυτού, τον ρώτησε αν είχε τηρήσει τις Δέκα Εντολές.

Οι κανόνες δεν έχουν αλλάξει από τον Κήπο της Εδέμ. Υπάκουσε στον Θεό και ζήσε. Παράκουσε τον Θεό και πέθανε. Ο Θεός έχει κανόνες για να γίνεις αποδεκτός σε μια σχέση με τον Εαυτό Του και για να έχεις την ελπίδα να ζήσεις στο σπίτι του Θεού στο μέλλον. Δεν φτιάχνεις εσύ τους κανόνες. Ο Θεός τους κάνει.

Ο νεαρός άρχοντας νόμιζε ότι είχε ακολουθήσει τους κανόνες του Θεού. Ωστόσο, έφυγε λυπημένος όταν συνειδητοποίησε ότι αυτά που έκανε δεν ήταν αρκετά. Του προσφέρθηκε θησαυρός στον Ουρανό, αν ήταν πρόθυμος να πουλήσει τα πάντα και να ακολουθήσει τον Ιησού. Αλλά δεν ήταν πρόθυμος να το κάνει και αυτό αποκάλυψε τι πραγματικά ήταν πολύτιμο για αυτόν.

Ο Νόμος, συμπεριλαμβανομένων των Δέκα Εντολών,

είναι σαν ένας καθρέφτης που μας δείχνει την κατάσταση της καρδιάς μας ενώπιον ενός τέλειου Θεού. Κοιτάζοντας σε αυτόν τον καθρέφτη αναγνωρίζεις ότι δεν είσαι τόσο καλός άνθρωπος όσο νόμιζες. Ο Νόμος τότε σε κηρύσσει ένοχο ενώπιον του Θεού, αφήνοντάς σε χωρίς δικαιολογία. Αυτό θα πρέπει να σε κάνει νευρικό.

Για παράδειγμα, ποια είναι η αντίδρασή σου όταν οδηγείς στον αυτοκινητόδρομο και περνάς ένα περιπολικό στην άκρη του δρόμου στο οποίο ο αστυνομικός κρατάει ένα ραντάρ; Ελέγχεις την ταχύτητά σου. Πατάς φρένο. Ελέγχεις τον καθρέφτη σου πολλές φορές για να δεις αν το περιπολικό έχει βγει από τη θέση στάθμευσης και έχει ανάψει τα φώτα του. Η καρδιά σου χτυπάει δυνατά και γίνεσαι νευρικός. Ξέρεις τι πρόκειται να συμβεί, ειδικά αν γνωρίζεις ότι έχεις παραβιάσει το νόμο.

Με τον ίδιο τρόπο, οι αμαρτωλοί πρέπει να αναγνωρίσουν το δίλημμά τους πριν αναζητήσουν μια λύση. Ο Ιησούς ήρθε για τους αρρώστους, όχι για τους υγιείς. Όταν μοιράζεσαι τη μνα, χρησιμοποίησε το Νόμο, για να βοηθήσεις τους άλλους να δουν την απελπιστική τους κατάσταση. Αυτό ανοίγει την πόρτα στη δύναμη του Αγίου Πνεύματος, ο Οποίος είναι ειδικός στον έλεγχο των ανθρώπων για τις αμαρτίες τους[29]. Θα αναστατωθούν και θα προβληματιστούν καθώς βλέπουν

---

29 Κατά Ιωάννην 16:8

το πρόβλημά τους, πράγμα που μας φέρνει στο δεύτερο πυλώνα.

Οι συνέπειες

Η αστυνομία σε σταματά, σου δείχνει τι γράφει το ραντάρ και σου δίνει ένα πρόστιμο.

Με τον ίδιο τρόπο, ο Νόμος σε σταματάει, σου δείχνει πού έχασες το στόχο και σου φανερώνει το πρόστιμο. Η ψυχή, αυτή που αμαρτάνει, αυτή θα πεθάνει[30]. Ο μισθός τής αμαρτίας είναι θάνατος[31]. Είναι αποφασισμένο στους ανθρώπους μια φορά να πεθάνουν, ύστερα δε από τούτο είναι κρίση[32].

Γνωρίζεις ότι, αν κριθείς ένοχος την Ημέρα της Κρίσης, οι πόρτες του Ουρανού θα είναι κλειστές για σένα. Δε σου αρέσει να σκέφτεσαι την κόλαση, αλλά τώρα σε ανησυχεί καθώς δε βλέπεις καμία ελπίδα. Ξέρεις ότι ο Θεός είναι συγχωρητικός και γεμάτος αγάπη, αλλά ξέρεις επίσης ότι είναι δίκαιος και θα τιμωρήσει τον παραβάτη του νόμου. Παρόλο που ο Νόμος σου δείχνει την ενοχή σου και σε ενημερώνει για το πρόστιμο, δεν θα το πληρώσει.

Το να συζητάμε τις συνέπειες της παραβίασης του Νόμου του Θεού – θάνατος, κρίση, Παράδεισος και

---

30 Ιεζεκιήλ 18:20

31 Προς Ρωμαίους 6:23

32 Προς Εβραίους 9:27

Κόλαση – ανοίγει την πόρτα στη δύναμη του Αγίου Πνεύματος να κινηθεί. Καθώς Εκείνος είναι ειδικός στον έλεγχο των αμαρτωλών για την επερχόμενη κρίση[33]. το Πνεύμα θα δείξει στους αμαρτωλούς ότι επίκειται θάνατος και ότι θα κριθούν ένοχοι. Όχι μόνο θα χάσουν μια σχέση και φιλία με τον Θεό τώρα, αλλά θα αποκοπούν για πάντα σε ένα μέρος που ονομάζεται Κόλαση.

Αυτές είναι σκληρές αλήθειες, αλλά είναι *αλήθειες*. Κατανόησε την καρδιά του Πατέρα. Θέλει να είναι ο Θεός σου και θέλει να είσαι παιδί Του. Δεν θέλει κανένας να πεταχτεί έξω. Όταν προσφέρεις τη μνα, αν μοιράζεσai το πρόβλημα και τις συνέπειες με τη σωστή καρδιά, οι άνθρωποι θα ανταποκριθούν όπως έκαναν στις Πράξεις: «Κύριοι, τι πρέπει να κάνω για να σωθώ;»[34]

Να είσαι πιστός στο να παρουσιάζεις το Πρόβλημα και τις Συνέπειες, και ο Θεός θα προετοιμάσει το έδαφος ώστε οι ακροατές σου να λάβουν τη λύση!

Η λύση

Ευαγγέλιο σημαίνει Καλά Νέα. Το Πρόβλημα και οι Συνέπειες μάς δείχνουν την αρρώστια μας, τα κακά νέα. Οι δύο τελευταίοι πυλώνες μάς δείχνουν τα δυνατά, θαυμαστά Καλά Νέα.

---

33   Κατά Ιωάννην 16:8

34   Πράξεις 16:30

Κακά νέα: Δεν μπορείς να διαγράψεις τις αμαρτίες σου. Δεν μπορείς να καθαρίσεις την καρδιά σου. Δεν μπορείς να κάνεις τον εαυτό σου δίκαιο ενώπιον ενός αγίου Θεού, για να γίνεις δεκτός από Αυτόν. Εσύ κι εγώ είμαστε ανίσχυροι! Είμαστε αβοήθητοι!

«Ο Θεός, όμως, δείχνει τη δική του αγάπη σε μας, επειδή, ενώ εμείς ήμασταν ακόμα αμαρτωλοί, ο Χριστός πέθανε για χάρη μας»[35].

Καλά νέα: Ο Ιησούς ήρθε για να πάρει τις αμαρτίες του κόσμου. Ήρθε για να γίνει ο αντικαταστάτης σου, να κάνει αυτό που δεν μπορούσες να κάνεις για τον εαυτό σου. Ο Ιησούς πήρε την ενοχή σου στο σταυρό, για να μπορέσεις να σταθείς ενώπιον του Πατέρα αθώος. Πήρε την τιμωρία, για να σου δείξει έλεος. Ο Ιησούς ήπιε το ποτήρι της οργής του Θεού ενάντια στην αμαρτία, ώστε να μην χρειαστεί να το πιείς εσύ. Πλήρωσε το πρόστιμο, που δεν μπορούσες να πληρώσεις.

Το έκανε αυτό επειδή σε αγαπά. Θέλει να είναι ο Πατέρας σου και να έχει μια σχέση μαζί σου. Δε θέλει να χαθείς μέσα στις αμαρτίες σου. Στον σταυρό πλήρωσε για τη συγχώρεση, τον καθαρισμό, την ελευθερία και την υιοθεσία σου. Με την ανάστασή Του απέδειξε ότι είναι Θεός, ότι έχει εξουσία πάνω στο θάνατο και ότι είναι ο μόνος στον κόσμο που θα μπορούσε να σε σώσει από τα δεινά σου.

---

35 Προς Ρωμαίους 5:8

Ωστόσο, μόνο κάποιοι στον κόσμο λαμβάνουν αυτό το υπέροχο δώρο της σωτηρίας. Μόνο εκείνοι που ανταποκρίνονται σε αυτό.

Η ανταπόκρισή μας

Για να λάβεις όλα αυτά τα καλά νέα, πρέπει να μετανοήσεις και να πιστέψεις στο Ευαγγέλιο[36]. Ο Πέτρος είπε στο πλήθος: «Να μετανοήσετε, και κάθε ένας από σας να βαπτιστεί στο όνομα του Ιησού Χριστού, σε άφεση αμαρτιών· και θα λάβετε τη δωρεά τού Αγίου Πνεύματος»[37].

Η ανταπόκρισή σου στους τρεις πρώτους πυλώνες του Μηνύματος του Ευαγγελίου είναι να γυρίσεις από την αμαρτία σου και να στρέψεις στον Θεό. Είναι να διακηρύξεις: «όχι το δικό μου θέλημα, αλλά το δικό Σου να γίνει στη ζωή μου». Να πεις ότι δεν θέλεις πλέον να είσαι ένας επαναστάτης πολίτης. Αλλάζεις γνώμη. Θέλεις ο Ιησούς να βασιλεύει πάνω στη ζωή σου.

Ο Ιησούς είναι πολύ σοβαρός στο να ομολογήσεις τις αμαρτίες σου, για να λάβεις συγχώρεση. Προσπάθησε να βγάλεις την αμαρτία από τη ζωή σου. Λέει ότι, αν το δεξί σου μάτι σε κάνει να αμαρτάνεις, πρέπει να το βγάλεις. Νομίζεις καταλαβαίνεις την ιδέα. Αυτός πήρε στα

---

36   Κατά Μάρκον 1:15

37   Πράξεις 2:38

σοβαρά το να πληρώσει το τίμημα για την αμαρτία σου. Πρέπει κι εσύ να πάρεις στα σοβαρά το να μετανοήσεις γι 'αυτή.

Μεγάλο μέρος της Εκκλησίας έχει σταματήσει να κηρύττει τη μετάνοια και το αποτέλεσμα είναι μια Εκκλησία γεμάτη από ανθρώπους που ζουν στην αμαρτία με την ψεύτικη ελπίδα ότι έχουν σωθεί. Στους περισσότερους λένε: «Είναι εύκολο. Το μόνο που έχεις να κάνεις είναι να ζητήσεις συγχώρεση».

Δεν υπάρχει τίποτα εύκολο στη σωτηρία. Δεν ήταν εύκολο για τον Ιησού να πάει στο σταυρό και δεν υπάρχει τίποτα εύκολο στο να βγάλεις ένα μάτι για να εξαλείψεις την αμαρτία στη ζωή σου. Δεν είναι εύκολο όταν η οικογένειά σου σε απορρίπτει ή χάνεις τη δουλειά σου και θεωρείσαι φανατικός θρησκευόμενος. Η σωτηρία έχει κόστος.

Τα καλά νέα σχετικά με το μήνυμα του Ευαγγελίου είναι ότι ο Ιησούς πλήρωσε το τίμημα και μας προσφέρει τη σωτηρία ως δώρο, κατά χάρη. Ο ρόλος μας είναι να στραφούμε μακριά από την αμαρτία μας και να στραφούμε κοντά σ' Αυτόν.

Το παραπάνω είναι μια σύντομη περίληψη του γεμάτου δύναμη Μηνύματος του Ευαγγελίου που μπορείς να μοιραστείς με άλλους.

Παρ 'όλα αυτά, για να είσαι πραγματικά αποτελεσματικός στο να μοιραστείς αυτή τη μνα, θα χρειαστείς έναν επιχειρηματικό εταίρο.

2. Γέμισε με το Πνεύμα

Εάν θέλεις να είσαι επιτυχημένος στο να εργαστείς με τη μνα, χρειάζεσαι έναν επιχειρηματικό εταίρο! Ο Λουκάς μας δίνει τα τελευταία λόγια που είπε ο Ιησούς στους μαθητές του πριν αναληφθεί στον Ουρανό:

«Και καθώς συναναστρεφόταν μαζί τους, τους παρήγγειλε να μη απομακρυνθούν από τα Ιεροσόλυμα, αλλά να περιμένουν την υπόσχεση του Πατέρα, που ακούσατε, τους είπε, από μένα. Επειδή, ο μεν Ιωάννης βάπτισε με νερό, εσείς όμως θα βαπτιστείτε με Άγιο Πνεύμα, όχι ύστερα από πολλές ημέρες»[38]. Τότε λέει:

«αλλά, θα πάρετε δύναμη, όταν έρθει επάνω σας το Άγιο Πνεύμα· και θα είστε μάρτυρες για μένα ...»[39].

Ο Ιησούς, λοιπόν, τους προστάζει να εργαστούν με τη μνα, αλλά μετά τους λέει: «ΜΗΝ ΤΟΛΜΗΣΕΤΕ ΝΑ ΞΕΚΙΝΗΣΕΤΕ ΑΥΤΗ ΤΗΝ ΕΠΙΧΕΙΡΗΣΗ ΜΕΧΡΙ ΝΑ ΛΑΒΕΤΕ ΤΗΝ ΑΠΑΡΑΙΤΗΤΗ ΔΥΝΑΜΗ ΜΕΣΩ ΤΟΥ ΒΑΠΤΙΣΜΑΤΟΣ ΜΕ ΤΟ ΑΓΙΟ ΠΝΕΥΜΑ».

Αυτό μοιάζει ξεκάθαρο. Είναι λυπηρό το ότι δεχόμαστε την υπόσχεση του Κυρίου για Σωτηρία χωρίς πάρα πολλές ερωτήσεις αλλά όταν μας προσφέρει μια άλλη Υπόσχεση, το δώρο του Αγίου Πνεύματος για δύναμη στη μαρτυρία και σημεία και θαύματα, σηκώνουμε τα χέρια μας συλλογικά και λέμε: «Όχι, ευχαριστώ!»

---

38   Πράξεις 1:4, 5

39   Πράξεις 1:8

Υπάρχουν δόγματα, διακονίες, βιβλία και κανάλια στο YouTube που υποστηρίζουν αδιάκοπα ότι η γλωσσολαλιά είναι από τον διάβολο και τα σημεία και τα θαύματα είναι περιττά. Προσπαθούν να βρουν άλλες εξηγήσεις για κάθε εδάφιο που σχετίζεται με οποιαδήποτε υπερφυσική λειτουργία του Πνεύματος.

Με ποιες συνέπειες; Οι υπηρέτες του Κυρίου δυσκολεύονται να ζήσουν σε αγιότητα, ντρέπονται για τον σταυρό και φοβούνται να μιλήσουν για τον Ιησού από φόβο απόρριψης και από φόβο για τη γνώμη των ανθρώπων. Μόνο ένα μικρό ποσοστό της κατ' όνομα Εκκλησίας λέει ότι έχει μιλήσει το Ευαγγέλιο σε άλλους.

Είναι καιρός να ενθουσιαστούμε με την υπόσχεση του Ιησού! Η έκχυση του Αγίου Πνεύματος στη ζωή μας μας δίνεται έτσι ώστε να μπορούμε να έχουμε τη δύναμη να είμαστε μάρτυρές Του.

Τότε ο Ιησούς υπόσχεται και κάτι άλλο. Όταν κηρύττεις το Ευαγγέλιο με τη δύναμη του Πνεύματός Του, στέκεται δίπλα για να κάνει αυτό που αγαπά να κάνει:

«Τούτα δε τα σημεία θα παρακολουθούν εκείνους που πίστεψαν: Στο όνομά μου θα βγάζουν δαιμόνια· θα μιλούν καινούργιες γλώσσες· θα πιάνουν φίδια· και αν κάτι θανάσιμο πιούν, δεν θα τους βλάψει· θα βάζουν τα χέρια επάνω σε αρρώστους, και θα γιατρεύονται»[40].

---

40 Κατά Μάρκον 16:17—18

Σημεία και θαύματα θα συνοδεύουν το Ευαγγέλιο και θα βοηθήσουν στην προώθηση των Καλών Νέων στις μακρινές γωνιές της γης. Θυμήσου, δεν είναι δική σου δουλειά να σώσεις κανέναν, ούτε είναι δική σου δουλειά να κάνεις θαύματα. Αυτό είναι το έργο του Αγίου Πνεύματος. Απλώς άνοιξε την πόρτα για να εργαστεί.

Έχω πλήρη επίγνωση ότι σε αυτό το θέμα υπάρχουν ακρότητες και έχουν υπάρξει εκδηλώσεις της σάρκας και όχι του Πνεύματος. Ωστόσο, η κακή μαρτυρία μερικών δεν ακυρώνει την όμορφη υπόσχεση του Ιησού. Η πρόκλησή μου προς εσένα είναι να είσαι ο υπηρέτης του Κυρίου που αποτελεί πρότυπο καλής μαρτυρίας.

Ποτέ δεν θα πετύχεις όλα όσα έχει ο Θεός για σένα μόνος σου. Πρέπει να γεμίσεις με το Πνεύμα.

3. Προσευχήσου!

Το μήνυμα του Ευαγγελίου είναι φορτωμένο με δύναμη.

Το Άγιο Πνεύμα είναι φορτωμένο με δύναμη.

Η προσευχή είναι φορτωμένη με δύναμη.

«Ζητάτε, και θα σας δοθεί»[41]. «Ό,τι αν ζητήσετε στο όνομά μου, θα το κάνω»[42].

---

41 Κατά Ματθαίον 7:7

42 Κατά Ιωάννην 14:13

Η προσευχή έχει δύναμη επειδή, όταν περνάς χρόνο με τον παντοδύναμο Θεό, θα μοιραστεί στρατηγικές για την επιχείρησή σου και θα σου επιτρέψει να αποκτήσεις πρόσβαση στις ιδέες και τη δημιουργικότητά Του.

Όταν προσεύχεσαι να έρθει η βασιλεία του Θεού και να γίνει το θέλημά Του στη γη όπως στον Ουρανό, αυτό ακριβώς θέλει να κάνει! Πώς να μην απαντήσει σε αυτή την προσευχή; Προσεύχεσαι, ο Θεός ακούει και ο Θεός απαντά. Αυτό είναι πολύ δυνατό.

Ωστόσο, όλη αυτή η δύναμη είναι αδρανής αν παραμείνεις στον καναπέ.

4. Σήκω από τον καναπέ!

Πρέπει να ενεργοποιηθείς – να υπακούσεις, να κινηθείς, να μιλήσεις. Η υπακοή είναι αυτό που σε διαφοροποιεί ως πιστό υπηρέτη σε σχέση με τον άπιστο υπηρέτη. Ο Θεός σου έχει δώσει ένα ισχυρό μήνυμα που μπορεί να αλλάξει τις καρδιές και τον αιώνιο προορισμό των ανθρώπων. Σου έχει δώσει επίσης πολλές ικανότητες, για να εργαστείς με τη μνα. Σε έχει γεμίσει με το Άγιο Πνεύμα και έθεσε το όπλο της προσευχής στη διάθεσή σου. Τώρα, το μόνο που μένει να κάνεις είναι να βάλεις τη μνα να δουλέψει και να χρησιμοποιήσεις το μαντήλι για να σκουπίσεις τον ιδρώτα της εργασίας από το πρόσωπό σου[43].

---

43 C. H. Spurgeon, Οι παραβολές του Κυρίου μας, σ. 246

Η Μεγάλη Αποστολή συχνά μεταφράζεται: «Πηγαίνετε σε όλο τον κόσμο και κηρύξτε το Ευαγγέλιο»[44]. Ωστόσο, στο πρωτότυπο ελληνικό κείμενο, η ακριβέστερη μετάφραση είναι: «Καθώς πηγαίνετε στον κόσμο, κηρύξτε το Ευαγγέλιο». Το ρήμα της πρότασης (που είναι στην προστακτική) είναι το «κηρύττω», όχι το «πηγαίνω». Βλέπετε, ήδη πηγαίνετε! **Καθώς πηγαίνετε** στο σούπερ μάρκετ, **καθώς πηγαίνετε** στη δουλειά, **καθώς πηγαίνετε** στο σχολείο, **καθώς πηγαίνετε** στο βενζινάδικο, διαδώστε το Ευαγγέλιο. Επενδύστε τη μνα.

Για να πολλαπλασιάσεις τη μνα με επιτυχία, θα χρειαστείς αυτούς τους τέσσερις τομείς δύναμης: **το Μήνυμα του Ευαγγελίου, το Άγιο Πνεύμα, την Προσευχή και την Υπακοή.**

Πριν ολοκληρώσουμε αυτό το βιβλίο, έχω μια ακόμη ερώτηση.

---

44   Κατά Μάρκον 16:15

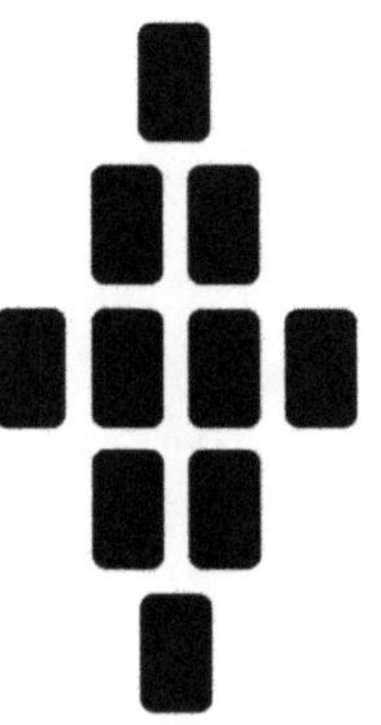

ΚΕΦΑΛΑΙΟ 16

ΠΟΥ ΕΙΝΑΙ ΟΙ ΑΛΛΟΙ ΕΦΤΑ ΔΟΥΛΟΙ;

Ο ευγενής κάλεσε δέκα δούλους και έδωσε στον καθένα από μία μνα. Ωστόσο, ακούσαμε πώς εξελίχθηκε η ιστορία μόνο για τρεις από αυτούς.

Πού είναι οι άλλοι επτά δούλοι;

Μήπως ένας από τους επτά κρατάει αυτό το βιβλίο στα χέρια του αυτή τη στιγμή;

Η ιστορία πρέπει ακόμη να ολοκληρωθεί. Ο Ιησούς δεν έχει λάβει ακόμη την πληρότητα της βασιλείας Του και μερικοί εχθροί χρειάζεται ακόμα να προειδοποιηθούν και να ενημερωθούν για τα Καλά Νέα.

Τα αποτελέσματα της **επιχείρησής σου με τη μνα** και το πόσα κέρδη μπορείς να εξασφαλίσεις για τον Κύριό σου δεν έχουν ακόμα καθοριστεί. Δεν είναι πολύ αργά. Είναι οι δέκα μνες το ανώτατο όριο; Δεν βλέπω γιατί να είναι έτσι. Δεν θα μπορούσες να ζήσεις τη ζωή σου με σκοπό να ενισχύσεις την επιχείρησή σου με τη μνα και να γίνεις αυτός ο δούλος που θα παράγει τριάντα, εξήντα ή εκατό φορές περισσότερο;[45]

Ο Θεός μας εμπιστεύτηκε το καλύτερο που έχει: το Μήνυμα του Ευαγγελίου και την παρουσία του Αγίου Του Πνεύματος! Αυτός ο θησαυρός είναι στα χέρια και τις καρδιές μας. Παρόλο που γνωρίζει ότι κάνουμε λάθη, μας έκανε διαχειριστές σε κάτι που Του ανήκει. Οπότε, τι θα κάνουμε γι' αυτό; Όταν πεθάνεις και κληθείς ενώπιον του Θεού να δώσεις λόγο για το τι έκανες με τη μνα, τι θα παρουσιάσεις στον Ευγενή;

---

45   Κατά Ματθαίον 13:23

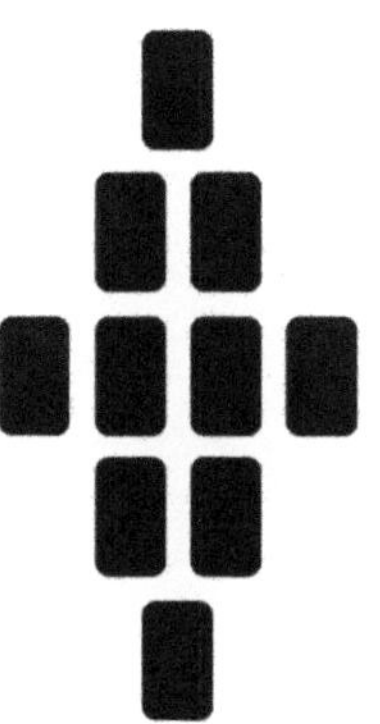

ΕΡΩΤΗΣΕΙΣ ΓΙΑ ΣΚΕΨΗ

- Τι αντιπροσωπεύει η «μνα»;

- Τι περιμένει ο Ιησούς από εσένα ως υπηρέτη;

- Πώς μπορείς να εργαστείς με τη μνα;

- Τι συμβαίνει σε αυτούς που δεν επιτρέπουν τον Ιησού να κυβερνήσει τη ζωή τους;

- Είσαι πολίτης ή υπηρέτης;

■ Είσαι πιστός ή άπιστος υπηρέτης;

■ Τι υπηρέτης θέλεις να είσαι;

■ Τι ταλέντα και χαρίσματα χρησιμοποιείς σε αυτή την εργασία;

■ Πώς μπορείς να αυξήσεις και να μεγαλώσεις την επιχείρησή σου;

■ Είναι τώρα το θέλημα και η αποστολή του Θεού για τη ζωή σου πιο ξεκάθαρη; Γράψε το: «Η αποστολή του Θεού για τη ζωή μου είναι...»

ΣΥΜΠΕΡΑΣΜΑ

Καθώς έχω αποκωδικοποιήσει το μυστήριο αυτής της παραβολής, πιστεύω ότι έχεις συνειδητοποιήσει πως η αποστολή σου στη ζωή και το κάλεσμα κάθε υπηρέτη του Χριστού είναι να εργαστεί με τη μνα. Δεν χρειάζεσαι μια «ειδική πρόσκληση», για να μιλήσεις στους ανθρώπους για τον Ιησού. Μας καλεί όλους να διαδώσουμε το Ευαγγέλιο – να μεταδώσουμε το μήνυμά Του σε όλους.

Τώρα ξέρεις για τη μνα και καταλαβαίνεις ότι ο Θεός σου έχει δώσει ταλέντα, για να διαδώσεις το μήνυμα του Ευαγγελίου Του. Υπάρχουν πάρα πολλοί ακόμα που χρειάζεται να μάθουν για τον Ιησού και τι έκανε στο σταυρό γι' αυτούς. Πες τους.

Η μνα χρειάζεται ένα όχημα για να εργαστεί, οπότε χρησιμοποίησε τα χέρια, τα πόδια και το στόμα σου για να τους δώσεις τα καλύτερα νέα που άκουσαν ποτέ. Δεν χρειάζεται να πεθάνουν μέσα στις αμαρτίες τους. Μπορούν να συγχωρεθούν. Δώσε τους μια μνα και παρακολούθησε τον Κύριο να εργάζεται στη ζωή τους.

ΣΕ ΕΥΧΑΡΙΣΤΩ ΠΟΥ ΔΙΑΒΑΣΕΣ ΑΥΤΟ ΤΟ ΒΙΒΛΙΟ.

Ποιο είναι το επόμενο βήμα σου;

1. **Μπες στο Minabusiness.org** και γίνε μέλος του κινήματος των πιστών υπηρετών. Μπορείς να μοιραστείς τις ιστορίες σου, τις ιδέες και τις μαρτυρίες σου.

2. Έχω γράψει επίσης ένα άλλο βιβλίο, το *«Η Δύναμη του Ευαγγελίου»*, η οποία περαιτέρω εξηγεί το μήνυμα του σταυρού.

3. Εάν θέλεις εκπαίδευση σχετικά με το πώς να μεταδίδεις το Ευαγγέλιο εύκολα και δημιουργικά, έχουμε ένα φανταστικό μάθημα που θα σου διδάξει πώς να είσαι πιο αποτελεσματικός στην εργασία σου με τη μνα. Συνδέσου μαζί μας στο **www.ontheredbox. org**. Μπορείς να κάνεις το μάθημα μεμονωμένα ή ομαδικά. Θέλουμε να σε εξοπλίσουμε για να είσαι πιο αποτελεσματικός καθώς εργάζεσαι με τη μνα!